Los, ans Wasser!

HAMBURG

Die schönsten Ausflüge
vor der Haustür

VORWORT

Der Sommer ist da, die Sonne brennt vom Himmel und man will einfach raus. Raus ans Wasser, für ein paar Stunden oder ein ganzes Wochenende. Mit dem Klimawandel wächst das Bedürfnis, sich in die erfrischende Kühle der heimischen Gewässer zu flüchten. Manch einer steht dann am Sommer-Wochenende stundenlang im Stau, um an Nord- oder Ostsee zu kommen. Dabei liegt doch das „Wasserglück" vor der Haustür.

Ein Ausflug ans Wasser ist aber weitaus mehr, als nur sich zu sonnen, zu schwimmen oder Tretboot zu fahren. In diesem Buch finden Sie eine Vielzahl von Anregungen – vom Klassiker bis zum echten Geheimtipp – denn nicht nur der Urlaub, sondern auch eine kleine Auszeit vom Alltag hilft, die Batterien wieder aufzuladen. Und was liegt näher, als dies in Deutschlands grünster Stadt am Wasser zu tun! Wir können natürlich nur eine Auswahl an Ausflugszielen nennen, zu groß sind die Möglichkeiten in der Metropolregion Hamburg.

Wichtig war uns, die Spots ganz entspannt in maximal einer Stunde mit **öffentlichen Verkehrsmitteln** zu erreichen. Ihr **Fahrrad** können Sie in den U-/S-Bahnen und auf vielen Buslinien des HVV (Hamburger Verkehrsverbund, www.hvv.de) kostenlos **mitnehmen**. Und zwar montags bis freitags vor 6 Uhr, von 9-16 Uhr und dann wieder ab 18 Uhr, am Wochenende und an Feiertagen ganztägig. Eine gute Alternative zum eigenen Rad ist das öffentliche Fahrradverleihsystem **StadtRAD Hamburg** mit zahlreichen Stationen in der Stadt (www.stadtrad.hamburg.de).

Auf den **Hafenfähren** ist die Fahrradmitnahme an allen Tagen uneingeschränkt möglich. Bitte beachten: In **Zügen**, die **außerhalb Hamburgs** verkehren, ist die Radmitnahme (Ausnahme: Klappräder) nicht kostenlos. Dann muss eine Fahrradkarte gekauft werden.

Alle **acht Fährlinien** der HADAG (www.hadag.de) können Sie mit einem gültigen **HVV-Ticket** nutzen. Bitte beachten: Auf der **Fähre HBEL** (Blankenese–Neuenfelde–Cranz) gelten HVV-Fahrscheine (Einzel- & Tageskarten) nur wochentags. Samstag, Sonntag und Feiertag darf die Fähre nur mit einem Ticket des Niederelbetarifs der HADAG benutzt werden.

Bitte bedenken Sie, dass viele **Rad-, Boots- oder SUP-Vermieter** oft nur in der Saison, manche sogar nur am Wochenende vermieten.

Um Ihnen einen schnellen Überblick über die jeweiligen Aktivitäten zu geben, die den beschriebenen Ausflug auszeichnen, finden Sie an jedem Tourbeginn Symbole. Diese werden in der Umschlagklappe erläutert.

Das **Symbol „Kinderwagen"** steht auch (manchmal nur bedingt) für „Rollstuhl /Rollator geeignet".

In diesem Sinne

Los, ans Wasser!

PLANTEN UN BLOMEN

Egal ob als Einheimischer oder Tourist, der sich in der Hansestadt eine Auszeit gönnen möchte, in diesem 47 Hektar großen Park mitten im Zentrum der Stadt kann man gut und gerne einen ganzen Tag verbringen!

Er ist seit 200 Jahren ein herrliches Ziel für Familien und Erholungssuchende. Dafür sorgen der rund 5.000 m² große **Rosengarten**, der **Staudengarten**, **Wasserkaskaden**, **Mittelmeerterrassen**, ein **Alpinum** und der **Apothekergarten** in dem jeden zweiten Sonntag Führungen stattfinden .

Der **Japanische Garten** ist sogar der größte seiner Art in Europa und gibt mit den verschiedensten exotischen Pflanzen, den Felsen, über und zwischen denen schmale Bächlein fließen, einen guten Eindruck der japanischen Gartenkultur. In seinem Mittelpunkt liegt ein See, an dem ein original **japanisches Teehaus** steht, in dem in den Sommermonaten klassische Teezeremonien zelebriert werden.

Für Kinder sind besonders die Parkteile **Große und Kleine Wallanlagen** ein kleines Paradies: **Ponyreiten, Kindertheater, Töpferstube, Minigolf-** oder **Trampolin-Anlage,** abwechslungsreiche **Spielplätze**, die **Rollschuh- und Eisbahn,** die mit über 4.300 m² Fläche eine der größten Freiluft-Kunsteisbahnen der Welt ist.

Die 13 Meter hohen und 3.000 m² großen **Tropengewächshäuser** des **Alten Botanischen Gartens,** all die Jahre ein beliebtes Ausflugsziel, sind sanierungsbedürftig und bleiben leider auf unbestimmte Zeit verschlossen.

Zu den abendlichen **Wasserlichtkonzerten** (Mai bis September) braucht es dann nur noch eine flauschige Decke und ein kühles Fläschchen Wein.

BESTE ZEIT
April bis Oktober.

START & ANREISE
Parkplatz Feldstraße 48, 20357 Hamburg.
Viele Parkplätze entlang des Holstenwalls, der St. Petersburger Straße, der Jungiusstraße, der Glacischaussee, am Tschaikowskyplatz.

ÖPNV: *Dammtor* (S11, S21, S31, RE & ICE), *Stephansplatz* (U1), *St. Pauli* (U3), *Messehallen* (U2). Viele Busse halten rund um den Park.

WOMIT BIN ICH UNTERWEGS?
Zu Fuß.

GUTES ESSEN
Wer lieber – und auch besser – außerhalb des Parks kulinarische Entdeckungen machen will, geht z.B. zu:

Nasch – vegetarische und vegane Sandwiches. www.cafenasch.de

Dulf's Burger: riesige Burger-Auswahl in bester Qualität – auch vegan. www.dulfsburger.de

Il Siciliano, gute Küche, italienische Gelassenheit. www.ilsiciliano.de

EXTRA-TIPP
Im *Museum für Hamburgische Geschichte*, in den Großen Wallanlagen gelegen, erfährt man, wie aus dem Missionskastell Hammaburg eine der größten und wichtigsten Hafenstädte Europas wurde. www.shmh.de/museum-fuer-hamburgische-geschichte

ALSTERSEE: AUSSEN- & BINNENALSTER

Der wohl beliebteste Ort in der Hansestadt für Spaziergänger und Jogger ist ein Rundgang um die beiden Seen, immerhin sportliche zehn Kilometer lang für jene, die nicht unterwegs in Bus oder Bahn steigen.

Die Uferbepflanzung der „grün-blauen Lunge" im Herzen der Stadt bilden neben fremdländischen Ziergehölzen, heimische Weidenarten, Wasserschwertlilien, Rohrkolben und Schilf, wo auch viele Wasservögel nisten und einige Fischarten ihre Laichplätze haben. Im Frühling verwandeln die Krokusse und Tulpen die **Alsterwiesen** in ein blühendes Meer, das in herrlichem Kontrast zum satten Blau der riesigen Außenalster steht. Höhepunkt Mitte Mai ist das **Kirschblütenfest** mit großem Feuerwerk.

Wie anno dunnemals sitzt man am **Jungfernstieg** im Alsterpavillon *ALEX Hamburg* aus den 1950er-Jahren – nicht zuletzt wegen seiner Geschichte eines der populärsten Cafés der Hansestadt, und genießt den Blick auf die Alsterdampfer.

Anfangs flanierte man nur um die **Binnenalster** oder vergnügte sich in den drei Badeanstalten entlang der Ufer. Erst Ende des 18. Jahrhunderts wurde der Erholungswert der wegen der betriebenen Mühlen aufgestauten Alster erkannt. Heute kann man an vielen Stellen rund um die **Außenalster** von April bis Oktober **Segelboote, SUPs, Kanus, Tret- oder Ruderboote mieten.**

Wenn die Alster – selten genug – zugefroren ist, sorgen Glühweinstände und andere Buden beim **Alstereisvergnügen** für ein ganz besonderes Wintervergnügen.

G-3287
6

BESTE ZEIT

Zu jeder Jahreszeit. Vorzugsweise an einem ruhigen Wochentag. Wer sehen und gesehen werden will, wählt das trubelige Wochenende.

START & ANREISE

Eigentlich überall. Das Auto sollte man zu Hause lassen, Parkraum ist rar.

Am besten startet man am *Jungfernstieg*, historische Flaniermeile der Hansestadt, wo die meisten U- & S-Bahnlinien sowie die Schiffe der Alsterschifffahrt verkehren.

WOMIT BIN ICH UNTERWEGS?

Zu Fuß.

LÄNGE & DAUER

7,5 km um die Außenalster, 2 km um die Binnenalster, zusammen 10 km.
Je nach Kondition 2-4 h.

WAS NEHME ICH MIT?

Bequemes Schuhwerk, Regenschutz.

GUTES ESSEN

Beim angesagten Lokal *Alsterperle* (ehemaliges Klohäuschen) wird bei schönem Wetter gegrillt. www.alsterperle.com

EXTRA-TIPP

Wer gerne aufs Wasser möchte, findet hier einige Vermieter:

Hansa Steg (Kanu, Tret- & Ruderboot und SUP), www.hansa-steg.de

barca - an der Alster (Tret- & Segelboote), www.barca-hamburg.de

AlsterSURFER (SUP), www.alster-surfer.com

SUP-Legion (SUP), www.sup-legion.com

Gondelfahrten in original venezianischen Gondeln bietet die *Bootsvermietung Dornheim* (Kanu, Tret- & Ruderboot, Gondel) an, www.bootsvermietung-dornheim.de

Oder eine nostalgische Tour mit dem *Alsterdampfer St. Georg von 1876* – dem ältesten aktiven Dampfschiff Deutschlands, www.alsterdampfer.de

Ganz bequem ist auch eine Fahrt mit den Schiffen der *Alster-Touristik*, www.alstertouristik.de

EILBEKKANAL

Eine interessante Sackgasse für Paddler ist dieser beschauliche Wasserlauf, an dem sogar eine Flotte von Hausbooten vertäut liegt – ein Pionierprojekt der Stadt Hamburg zum Wohnen auf dem Wasser.

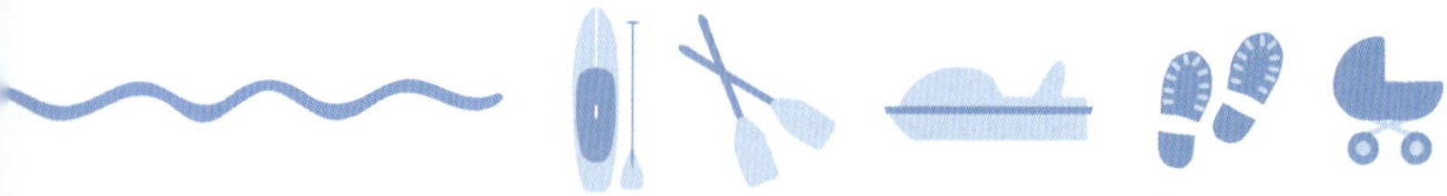

Eine Mischung aus Urbanität und Natur finden wir an dem von hübschem Grün gesäumten Kanal. Besonders reizvoll ist die Tour mit dem Tretboot oder dem Paddel in der Hand. Die entsprechende Infrastruktur findet man an der **Mundsburger Brücke**. Hier liegt neben der *Spanischen Treppe* – einer Tapas-Bar direkt am Wasser – auch eine SUP-Board-Vermietung.

Über den **Mundsburger Kanal** und den künstlich angelegten **Kuhmühlenteich**, hinter dem sich malerisch die Kirche St. Gertrud erhebt, geht es direkt auf den idyllischen **Eilbekkanal**. In dieser Kirche wurde übrigens Altkanzler Helmut Schmidt getauft und konfirmiert.

Unmittelbar hinter der **Wartenaubrücke** bewundern wir dann auf Höhe der **Hochschule für bildende Künste** eine Gruppe von **Hausbooten**, Ergebnis eines preisgekrönten architektonischen Wettbewerbs. Sie bieten naturnahes Wohnen und Arbeiten mitten in der Stadt, ein neues Konzept für Hamburg, das sicherlich eine attraktive Alternative zum Wohnen an Land werden wird.

Am Ende des Eilbekkanals wenden wir am hölzernen Bootseinstieg und fahren zurück zur Mundsburger Brücke.

Eilbekkanal (Uhlenhorst, Barmbek-Süd)

BESTE ZEIT
Zwischen Frühjahr und Herbst. Vorzugsweise an einem ruhigen Wochentag. Wer sehen und gesehen werden will, wählt das trubelige Wochenende.

START & ANREISE
Mit eigenem SUP an der leicht abfallenden Alsterwiese Schwanenwik (Mundsburger Brücke) oder östlich am Bootseinstieg Lortzingstr./ Ecke Maxstraße.
Mit Miet-SUP bei den AlsterSURFERN, Armgartstraße 7, 22087 Hamburg.

ÖPNV: U-Bahn-Haltestelle *Uhlandstraße* oder *Mundsburg* (U3). Diverse Buslinien bis / ab *Mundsburger Brücke*.

WOMIT BIN ICH UNTERWEGS?
SUP-Board, Tretboot oder Kanu kann man z.B. hier mieten:

www.alster-surfer.com (SUP)

www.barca-hamburg.de (Tretboot)

www.hansa-steg.de (Kanu, Tret-, Ruderboot und SUP)

LÄNGE & DAUER
Hin und zurück sind es etwa 4,5 Kilometer. 1-2 h ist man unterwegs.

WAS NEHME ICH MIT?
Ausreichend zu trinken, Regenschutz, Kopfbedeckung, Sonnenschutz, Wechselkleidung – wasserdicht verpackt.

GUTES ESSEN
In der urigen *Speisewirtschaft Opitz* gibt es klassische norddeutsche Gerichte. www.speisewirtschaft-opitz.de

Satt belegte Bagels gibts im *Café Goldherz*. www.cafegoldherz.de

EXTRA-TIPP
Der *Friedrichsberger Park* entlang des kleinen, sich idyllisch unter Bäumen versteckenden Flüsschens Wandse, ist ein beliebtes Ziel zum Sonnen oder Grillen.

ALSTERKANÄLE

Nirgendwo lernt man das Geflecht der Hamburger Kanäle besser kennen, als auf einer Kanu- oder SUP-Tour zwischen Stadtparksee und Alster!

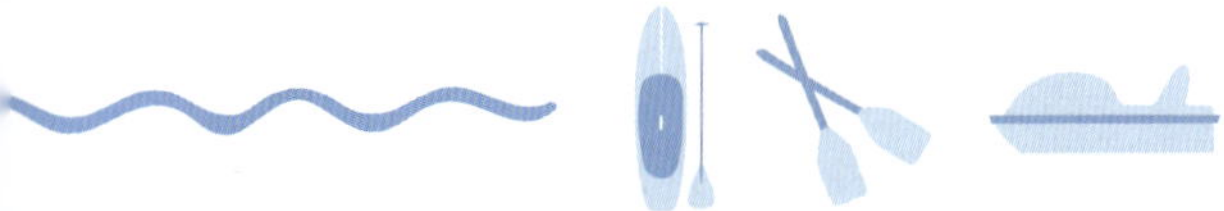

Weit ausladende Kronen malerischer Trauerweiden und uralte Bäume bestimmen das Bild der gepflegten Gärten herrschaftlicher Villen zwischen **Hayns Park, Außenalster** und **Rondeelteich**. Sie wechseln sich mit Relikten vergangener Zeiten ab – hübsch gemauerte Wendebecken, als die Kanäle noch für Gewerbe und Industrie von großer Bedeutung waren.

Auf **Goldbekkanal, Mühlenkampkanal** und **Osterbekkanal** paddelnd, staunen wir im Anblick der alten Fabrikgebäude über die Zeugen der **Industriekultur**, die inzwischen einer Kulturindustrie gewichen sind. In den umgenutzten Fabriken haben nun Medienbetriebe, Cafés und Theater ihren Platz gefunden.

Heute verkehren motorbetrieben nur noch Ausflugsschiffe auf den Kanälen, sodass wir jetzt ganz in Ruhe dem Plätschern unserer Paddel lauschen können.

Ausführlicher beschrieben finden Sie diese SUP-Tour im Buch *SUP-Guide Hamburg* aus dem gleichen Verlag.

BESTE ZEIT

Zwischen Frühjahr und Herbst. Vorzugsweise an einem ruhigen Wochentag.
Wer sehen und gesehen werden will, wählt das trubelige Wochenende.

START & ANREISE

An der leicht abfallenden Wiese des Stadtparksees, Südring 5b.
Parken entlang des Südrings oder Parkplatz Saarlandstraße.

ÖPNV: U-Bahn-Haltestelle *Saarlandstraße* oder *Borgweg* (U3).

WOMIT BIN ICH UNTERWEGS?

SUP-Board oder Kanu. Hier mieten:

www.sup-strand.de (SUP)

www.sup-piraten.de (SUP)

www.supperclub.de
(SUP, Kanu, Tretboot)

www.bootsvermietung-dornheim.de
(Kanu, Tret-/Ruderboot, Gondel-Tour)

DAUER

Je nach Laune eine Stunde oder einen ganzen Tag.

WAS NEHME ICH MIT?

Ausreichend zu trinken, Sonnen- & Regenschutz, Kopfbedeckung, Wechselkleidung (wasserdicht verpackt).

GUTES ESSEN

Beim *Café Canale* am Mühlenkampkanal gibt's Blechkuchen und Eis durchs Fenster direkt aufs „Brett".
www.cafecanale.de

Nur 350 m entfernt serviert *Kailua Poké* auf der Terrasse am Wasser super leckere hawaiianische Poké Bowls. www.kailuapoke.de

Gleich daneben gibts coole Drinks im *Monkey Beach,* www.monkey-beach.de

EXTRA-TIPP

Der weitläufige *Stadtpark*, mit dem *Planetarium* – dem meistbesuchten Sternentheater Deutschlands, ist ein sehr beliebter Treffpunkt. Egal ob grillen, chillen oder baden.

Das *Museum der Arbeit* ist über den Osterbekkanal erreichbar.
Es informiert in einer ehemaligen Kautschukfabrik über das industrielle Erbe Hamburgs.
www.shmh.de/museum-der-arbeit

Hudtwalckerstraße
Hudtwalckerstraße
Eppendorf
Sierichstraße
B5
Borgweg
Südring
Stadtpark
SUP Piraten
Barmbek-Nord
Natur-bad
Stadtpark-see
SUP Strand
Südring
Café Sommer-terrassen
Saarlandstraße
Barmbeker Stichkanal
Wiesendamm
Saarland-straße
Kellinghu-senstraße
SUP Club Hamburg
SUPper Club
Alster
Leinpfadkanal
Sierichstraße
Winterhude
Chapeau!
Goldbekkanal
Barmbeker Straße
Jarrestadt
Café Zur Gondel & Bootsvermietung Dornheim
Museum der Arbeit
Isebekkanal
Rondeel-teich
Werftkanal
Goldbek-platz
Kamp-nagel
Osterbekkanal
Rondeel-kanal
Kampkanal
Mühlen-
Schiffloch
Eichen-park
Café Canale
SUP Legion
Kailua Poké & Monkey Beach
Barmbek-Süd
Harveste-hude
SupPort Hamburg
Außen-alster
Langer Zug
N
0
300

STADTPARK

Die grüne und wasserreiche Oase in Winterhude ist mit knapp 150 Hektar die drittgrößte Grünfläche der Hansestadt und bei allen Erholungssuchenden ungemein beliebt.

Ob **chillen** oder **grillen** auf der riesigen Liegewiese, **Fußball, Volleyball, Joggen, Kanu** oder **Tretboot** fahren, **Minigolf, Schach,** eine kleine Erfrischung im **Biergarten** oder das **Lesecafé** im Rosengarten besuchen – jeder wird hier fündig. Im Sommer strömen zu den alljährlichen **Stadtparkkonzerten** Tausende Musikfreunde zur **Freilichtbühne**.

Da in Hamburg das Baden in allen öffentlichen Gewässern erlaubt ist, suchen an heißen Sommertagen die Ausflügler nicht nur im **Naturbad Stadtparksee** Abkühlung, sondern auch in dem nur durch eine niedrige Mauer abgetrennten Parksee. Überall finden sich flache Stellen oder Stege, die den Zugang ermöglichen. Im Süden des Sees liegt die über eine geschwunge Backsteinbrücke erreichbare Liebesinsel. Der romantische Ort unter Bäumen eröffnet einen herrlichen Blick auf See und Naturbad. Übrigens kann man den Stadtparksee vom Jungfernstieg aus über Außenalster und Goldbekkanal auch mit dem Alsterdampfer oder dem Kanu erreichen.

Das **Planetarium**, ganz im Westen des Parks, ist seit 1930 im ehemaligen Winterhuder Wasserturm untergebracht und damit eines der dienstältesten „Sternentheater" weltweit. Dort tauchen die Besucher auf einer beeindruckenden 360°-Reise in kosmische Licht- und Klangräume ein. Von der Aussichtsterrasse in 40 Metern Höhe bietet sich ein faszinierender Blick über die Hansestadt.

BESTE ZEIT
Zu jeder Jahreszeit. Vorzugsweise an einem ruhigen Wochentag. Wer sehen und gesehen werden will, wählt das trubelige Wochenende.

START & ANREISE
Eigentlich überall. Das Auto sollte man zumindest am Wochenende zu Hause lassen – Parkraum ist rar.

Mit ÖPNV (U 3) bis U-Bahn-Haltestelle *Saarlandstraße* oder *Borgweg*.

WOMIT BIN ICH UNTERWEGS?
Zu Fuß oder auf dem Wasser.

DAUER
Je nach Gusto.

WAS NEHME ICH MIT?
Sonnen-/Regenschutz, Badesachen.

GUTE EINKEHR
Kuchen, Snacks und Kultur gibt's im *Lesecafé*.
www.lesecafe-stadtpark.de

EXTRA-TIPP
Wer gerne aufs Wasser möchte, findet hier zwei SUP-Vermieter:
www.sup-strand.de
www.stadtparksee.de

PLANETARIUM

AUF ALSTER & ISEBEKKANAL

Auf unserer Paddeltour vermittelt der idyllische Isebekkanal sympathisches City-Flair und auf der Alster entdeckt man pittoreske Ecken mit Parks, Villen und Kleingärten.

Ein toller Startpunkt mit eigenem Kanu oder SUP ist der hölzerne Steg am Ende der Heilwigstraße beim kleinen **Eichenpark** (mobiler SUP-Vermieter). Von hier aus hat man die Qual der Wahl: Auf der nur minimal strömenden Alster nach Norden, vorbei an herrschaftlichen Villen zu beiden Seiten des hoch eingefassten Ufers, oder nach links über den Isebekkanal ins Herz des hippen Eimsbüttels. Ohne eigenes Boot startet man bei den Vermietern am Isekai oder weiter im Norden beim *Anleger Hamburg.*

Gleich zu Beginn des **Isebekkanals** herrscht bei den Boots-Vermietern (Kanu, SUP & Tretboote) am **Isekai** reges Treiben, bevor dann die **Gründerzeithäuser** entlang der Isestraße dominieren. Das Motto lautet: schöne Altbauten mit viel Grün, kombiniert mit gelebter Stadtteilkultur.

Wer dagegen auf der **Alster** bleibt, legt sicherlich an den Steinstufen des **Hayns Parks** an und vertritt sich die Beine. Hängematten schaukeln zwischen den Bäumen, Frisbeescheiben schwirren durch die Luft – überwiegend junge Leute haben es sich im Gras bequem gemacht und manch einer zieht ein paar Runden durchs erfrischende Alsterwasser. Und vielleicht spielt ja sogar ein Streichquartett auf im antik-griechischen Steinpavillon Monopteros. Unter Fußgänger- und danach Straßenbrücke hindurch gelangen wir zum grün eingewachsenen **Eppendorfer Mühlenteich,** übrigens das Winterquartier der Alsterschwäne.

BESTE ZEIT

Zwischen Frühjahr und Herbst, erfahrene Paddler auch im Winter. Vorzugsweise an einem ruhigen Wochentag.

START & ANREISE

Heilwigstraße/Eichenpark oder Vermieter am Isekai 13 oder 1, 22249 Hamburg
ÖPNV: Bus 19 bis *Streekbrücke*, 250/400 m zu Fuß.

Anleger Hamburg, Deelbögenkamp 2-3, 22297 Hamburg
ÖPNV: Bus (114, 214, 281, 292) bis *Orchideenstieg*.

WOMIT UNTERWEGS?

Kanu, SUP, Tretboot mieten:
www.anleger-hamburg.de
www.supperclub.de
www.supclubhamburg.de

DAUER

Je nach Laune eine Stunde oder einen ganzen Tag.

WAS NEHME ICH MIT?

Ausreichend zu trinken, Wechselkleidung – wasserdicht verpackt, Regen- & Sonnenschutz.

GUTES ESSEN

In der Klosterallee am Isebekkanal liegt am Ufer das *Little Amsterdam* – ein überaus sympathisches Caféidyll, wo man auf der blumenberankten Gartenterrasse an großen Holztischen sitzt.
www.facebook.com/LittleAmsterdamHH

In U-Bahn-Nähe Hoheluftbrücke liegt zu Beginn des Mannsteinparks an der Bismarckstraße das *Ufer* (Restaurant & Weinbar).
www.ufer-hamburg.de

EXTRA-TIPP

Parallel zum Isebekkanal findet dienstags und freitags vormittags, unter dem schützenden Dach des Hochbahn-Viadukts, der *Isemarkt* statt – einer der größten und schönsten Wochenmärkte Deutschlands.

HOLTHUSENBAD

Im einzigen Wellenbad Hamburgs kann man nicht nur in einer der schönsten Thermen der Stadt schwimmen wie vor 100 Jahren, sondern in der modernen Saunawelt einfach die Seele baumeln lassen.

Gleich gegenüber der U-Bahnstation Kellinghusenstraße genießen wir den nostalgischen Charme der 1920er-Jahre und baden wie zu Kaisers Zeiten. Die Wandkeramik in der von Fritz Schumacher entworfenen denkmalgeschützten **Badeanstalt** wurde teilweise nach dem Vorbild der Originalfliesen extra gebrannt.

Eine moderne **Saunawelt** mit neun Schwitzangeboten von 45 °C bis 100 °C bietet sowohl ruhe-, als auch erlebnissuchenden Gästen alles was das Herz begehrt. Das heißt: Filmaufführungen in der Mediensauna bei einem 90 °C-Aufguss, saunieren bei 80 °C in nostalgischem Wiener Kaffeehaus-Flair oder bei 70 °C in der Eppendorfer Stube, die aussieht wie ein Altbauwohnzimmer.

Kinder freuen sich über einen großen **Wasserspielplatz** und zum Baden hat man die Wahl zwischen dem großzügigen Becken mit **Wellenbad**, den **Sprudelliegen** und dem **Whirlpool** oder kann unter freiem Himmel im beheizten **Ganzjahresfreibad** seine Bahnen ziehen. Einfach nur schwimmen und einfach nur Sauna kann ja jeder.

BESTE ZEIT

Das ganze Jahr über. Wer kann, sollte sich die besuchsarmen Zeiten aussuchen.
Montags und mittwochs ist Damensauna.

START & ANREISE

Holthusenbad, Goernestraße 21, 20249 Hamburg, www.baederland.de/baeder/standorte/holthusenbad

ÖPNV: U1 oder U3 bis *Kellinghusenstraße*.

WAS NEHME ICH MIT?

Badesachen, Bademantel, Badeschuhe.

GUTES ESSEN

Leckere Snacks und Getränke werden im *Restaurant & Café Elvy* des Schwimmbads serviert.

Es gibt auch viele Restaurants auf der nahen Eppendorfer Landstraße.

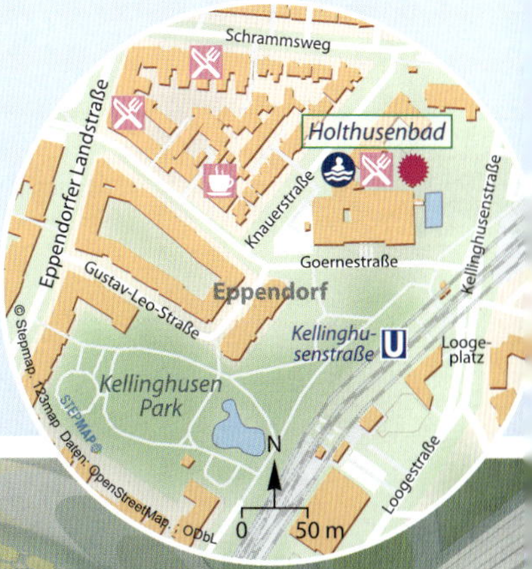

EPPENDORFER MOOR

Die 26 Hektar große Oase besitzt einen hohen Stellenwert als Lebensraum moortypischer Tier- und Pflanzenarten.
Keine andere deutsche Großstadt hat ein so zentral gelegenes Naturschutzgebiet. Es gilt gar als das größte innerstädtische Moor Europas.

Auf eine wechselhafte Geschichte kann das heutige **Naturschutzgebiet** zurückblicken. Rest eines ehemals größeren **Moorgebietes**, wurde es im 19. Jahrhundert entwässert und Torfstiche zum Abbau von Brenntorf angelegt. Bis 1909 als Schießplatz genutzt, fiel 1945 fast die gesamte Fläche zur Gewinnung von Brennholz der Rodung zum Opfer.

Heute sind es nur wenige Schritte von der viel befahrenen Alsterkrugchaussee in diese nahezu unberührte Perle der Natur, deren Zentrum ein großer **Teich** bildet, auf dem sich Enten wohlzufühlen scheinen. Hier wachsen **Sumpf- und Königsfarn** neben **Wasserfeder, Sumpf-Blutauge, Glockenheide** und **Lungenenzian.** Lebensraum vieler Brutvogelarten, konnten auch **Eisvogel, Grünspecht** und **Sumpfmeise** im Gebiet nachgewiesen werden. Seltene **Schmetterlinge** und **Libellenarten**, aber auch **Moorfrosch** und **Teichmolch** fühlen sich am Gewässer wohl.

Streift man am Abend durch den Wald, schwirren **Fledermäuse** über die Wasseroberfläche. Jetzt kann man sich ganz auf die Gerüche und Geräusche des Waldes einlassen.

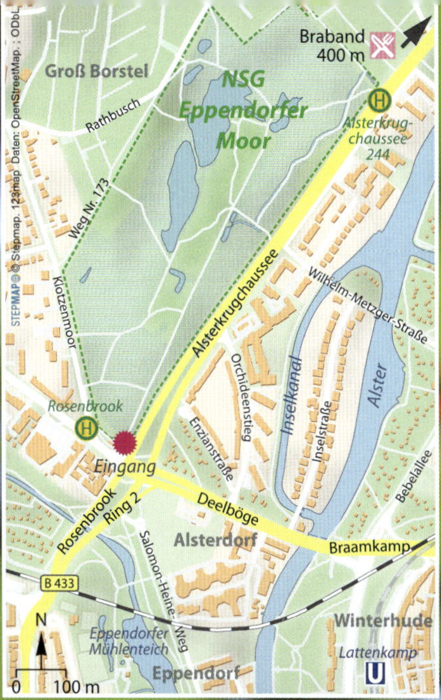

BESTE ZEIT
Zu jeder Jahreszeit.

START & ANREISE
Straße: Klotzenmoor, 22453 Hamburg.

ÖPNV: U1 bis *Lattenkamp* oder Bus Linien 114 bis *Rosenbrook*, bzw. Bus Linien 39 und 292 bis *Alsterkrugchaussee 244*.

WOMIT BIN ICH UNTERWEGS?
Zu Fuß.

DAUER
Gemütlicher Spaziergang von ein bis zwei Stunden.

WAS NEHME ICH MIT?
Regenschutz, Mückenschutz, Fernglas.

GUTES ESSEN
Mediterrane Bistroküche mit Alsterblick gibt es im *Braband*.
www.braband-bistro.de

ALSTERWANDERWEG VON POPPENBÜTTEL NACH OHLSDORF

Besonders schön und praktisch ist diese Wanderung entlang des Alsterlaufs, da sowohl Ausgangs- als auch Endpunkt bequem per S- und U-Bahn erreicht werden können.

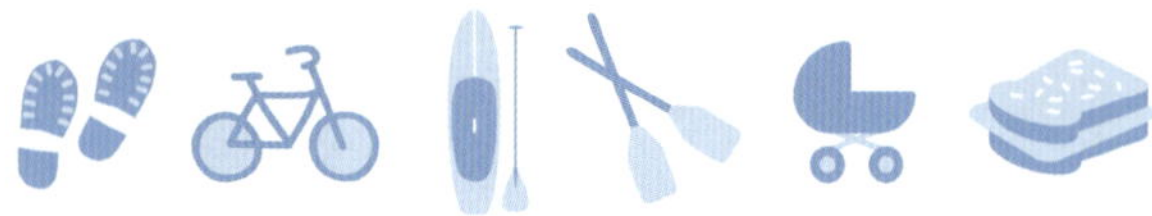

Vom S-Bahnhof Poppenbüttel geht es über den Wentzelplatz zum Kritenbarg, vorbei am **Antje-Brunnen**, einer Skulptur der durch dass Fernsehen bekannten Walrossdame. Über die Poppenbüttler Landstraße hinweg gelangt man nach ca. 800 Metern zu einem Treppenweg hinunter zum **Alsterwanderweg**.

Stadteinwärts folgen wir einfach den gelben Pfeilen an den Bäumen, wechseln immer mal wieder die Flussseite der in sanften Bögen dahinfließenden **Alster**. Der Weg ist ausgebaut und sehr gut zu begehen und lässt daher viel Gelegenheit, die im heißen Sommer üppig grüne, ja fast urwaldartige Vegetation der Auenlandschaft zu bestaunen. Immer wieder rasten wir am sandigen Ufer und kühlen unsere Füße im erfrischenden Alsterwasser.

Fast am Ende der Wanderung führt im **Teetzpark** ein Weg um die zwei zentralen Teiche herum, die von einem schönen alten Baumbestand umschlossen werden. Auf der anderen Alsterseite bieten die **Alsterwiesen** genügend Platz zum **Picknicken**. Ein **Spielplatz** mit verschiedensten Spiel- und Kletterangeboten ist bei Familien sehr beliebt.

In Ohlsdorf an der **Fuhlsbütteler Schleuse** angekommen, beenden wir die Wanderung, um mit der S-Bahn die Heimreise anzutreten.

BESTE ZEIT

Zu jeder Jahrezeit.

START & ANREISE

ÖPNV: Start an der S-Bahn-Haltestelle *Poppenbüttel* (S1/S11). Ziel S+U-Bahn-Haltestelle *Ohlsdorf* (S1/S11/U1).

Park & Ride nahe S-Bahn Poppenbüttel: Tennigkeitweg 1b, 22391 Hamburg oder in der Straße Marienhof, 22399 Hamburg (direkt am Alsterwanderweg).

WOMIT BIN ICH UNTERWEGS?

Zu Fuß. Wegmarkierung durch gelbe Richtungspfeile, gelegentlich mit dem Kürzel O (für Ohlsdorf) bzw. P (für Poppenbüttel).

LÄNGE & DAUER

Etwa 10 km langer Spaziergang, ca. 3 h.

WAS NEHME ICH MIT?

Regen- und Mückenschutz, ausreichend zu trinken, evtl. Proviant/Picknick.

GUTE EINKEHR

Hinter der Brücke des Ratsmühlendamms serviert das sympathische Café *Das Kaffeehaus* überaus leckere Torten. www.daskaffeehaus.eu

EXTRA-TIPP

Auf dem Weg liegt unweit des linken Ufers das 1757 im Fachwerkstil erbaute *Torhaus* der *Gutsanlage Wellingsbüttel,* wo Ausstellungen, Konzerte und Lesungen stattfinden. www.kulturkreis-torhaus.de

Die *KanuHelden* vermieten Kanus für Touren auf der Alster:

1. Beim Restaurant *Zur Ratsmühle* (Ratsmühlendamm)
2. An der *Mellingburger Schleuse*, www.kanuhelden.de

Die Firma *Gadermann Kajaks* in Norderstedt bringt Kanus zu verschiedenen Einsetzstellen. www.gadermann.de

BRAMFELDER SEE

Der gemütliche Spaziergang im Nordosten Hamburgs verzaubert mit wunderschöner Natur inmitten der Stadt und ist ein ideales Ziel für Erholungsuchende, Jogger, Naturliebhaber oder auch einfach nur für einen Grillabend mit Freunden.

Die grüne Oase wird von den Anwohnern liebevoll *Brami* genannt und bietet rund um die Uhr eine Auszeit vom Alltag der Großstadt. Wir starten an der Bushaltestelle und laufen entweder im oder entgegen dem Uhrzeigersinn einmal um den langgezogenen See. Im letzteren Fall stehen wir auch schon gleich vor einem beliebten mobilen **Eisstand**. Auf dem schönen Spazierweg schlendernd oder von einer der Bänke am Wegesrand genießen wir unseren Eisbecher mit Blick aufs Wasser.

Von vier unter Naturschutz stehenden **Inseln** sind zwei durch schmale Rinnen vom Ufer getrennt. Am **Südufer des Sees** freuen sich die Kinder über einen großen **Abenteuerspielplatz,** am südwestlichen Seeende gibt es einen weiteren, kleineren **Spielplatz**. Nur 350 Meter südlich von hier bekommt man ab Spätsommer 2023 im *Hofladen* (Mo-Sa, Bio, unverpackt, regional) der Produktionsschule Steilshoop auf dem *Hof Bullerbü* eine Erfrischung, leckeren Kuchen oder das fehlende Brot für zu Hause. Für Kinder ist hier auch das *Tierhaus* (Di-So 10-16) ein Erlebnis (Fritz-Flinte-Ring 41a, www.alraune-hamburg.de).

Wieder im Osten des Sees, am Ende des Rundgangs, blicken wir auf die 600 m² große Insel, auf der sich – lautes Krächzen lässt es vermuten – eine große **Graureiherkolonie** befindet. Wer ein Fernglas dabei hat, kann viele verschiedene Wasservögel beobachten.

BESTE ZEIT
Das ganze Jahr über.

START & ANREISE
Seehofstraße / Ecke Fabriciusstraße, 22177 Hamburg. Gute Parkmöglichkeiten am Straßenrand der Fabriciusstraße.

ÖPNV: Bushaltestelle *Bramfelder See* (Linie 177, 270). Oder U- & S-Bahn-Haltestelle *Ohlsdorf* (U1, S1, S11 & diverse Buslinien).

WOMIT BIN ICH UNTERWEGS?
Zu Fuß.

LÄNGE & DAUER
Für den knapp drei Kilometer langen Rundweg benötigt man 0:30 h.

WAS NEHME ICH MIT?
Regenschutz, evtl. Fernglas zur Vogelbeobachtung.

GUTES ESSEN
In der Nähe von Seehofstraße und Bushaltestelle Bramfelder See gibt es an einem *mobilen Eisstand* eine große Auswahl Eissorten sowie weitere Leckereien wie Crêpes und im Winter Bratwürste. www.eisamsee-hamburg.de

EXTRA-TIPP
Wer seinen Spaziergang verlängern möchte, läuft am Südostende des Sees Richtung Süden entlang des sauberen Baches *Seebek* durch einen schmalen, grünen Korridor weitere zwei Kilometer zum idyllischen *Appelhoffweiher* inmitten einer Parkanlage. Der kleine See ist eigentlich ein Regenrückhaltebecken, das die Seebek aufstaut, deren Lauf mit dem Einbringen von Geröll, Kies und Steinen eine verbesserte Fließdynamik bekam, was wiederum zur Wiederansiedlung des Eisvogels führte. Unterwegs sind botanische Besonderheiten, wie Sumpfdotter- oder Schachbrettblume zu entdecken.

An der Bushaltestelle Bramfelder See betritt man auch den *Ohlsdorfer Friedhof* – größter Parkfriedhof der Welt und mit 389 Hektar Hamburgs größte Grünanlage! Dort genießen wir besonders zur Rhododendrenblüte einen Rundgang entlang Hunderter Laub- und Nadelgehölzarten sowie Teichen & Wasserläufen.

HERZLICH WILLKOMMEN AN DER
HAMBURG ACTIVE CITY BEWEGUNGSINSEL
VIEL SPASS BEIM TRAINING!
Hamburg

WANDSE, EICHTALPARK & OSTENDER TEICH

Ein für viele noch unbekannter Park, durch den sich das Flüsschen Wandse der Außenalster entgegenschlängelt und ein idyllisches Strandbad am Rande von Hamburg sind unser Ziel.

Im 18. Jahrhundert waren entlang der Wandse vor allem Gerbereien, Lederfabriken und Ziegeleien angesiedelt, denn die vielen Eichen im Tal lieferten die Gerbstoffe und das Flüsschen das benötigte Wasser für die Produktion von Leder. Bald wandelte man dieses Eichental in einen Park um – den heutigen **Eichtalpark**, immer noch Standort zehn unterschiedlicher Eichenarten.

Erholungssuchende aus Wandsbek, Eilbek oder Tonndorf radeln oder flanieren durch die 7,5 Hektar große **Parkanlage**, genießen das plätschernde Wasser der **Wandse**, die kleinen Seen und die Pracht der über **1.000 Pflanzenarten**. Höhepunkt ist der **Botanische Sondergarten** – eine Oase der Entspannung mit ruhigen Plätzen, zwischen blühenden Stauden und einem Gewächshaus, das tropische Pflanzen zeigt. Viele botanische Raritäten sind hier versammelt, darunter der Taschentuchbaum, Mammutbäume sowie Bananenstauden.

Radelt man die **Wandse** weiter entlang, erblickt man rechts den **Ostender Teich**, an dessen Stelle vor langer Zeit Ton abgebaut wurde und der heute ein Natursee mit hervorragender Wasserqualität ist. Sein **Sandstrand** verbreitet pures Urlaubsfeeling und die Wiesenflächen laden Sonnenanbeter ein, das Badetuch auszubreiten. Ein seit langer Zeit verbreitetes Gerücht, dass am Grunde des Sees ein abgestürztes Flugzeug liegen soll, ist natürlich ein Märchen.

Tilsiter Straße
Pohlmannsee
Großer Ziegelsee
Am Stadtrand
Wandsbek
Friedrich-Ebert-Damm
Am Stadtrand
Helbingstraße
Marner Straße
Stephanstraße
Botanischer Sondergarten
Ölmühlenweg
Walddörferstraße
Kinderspielplatz
Bei der Hopfenkarre
Wandse
Eichtal-park
Eichtal-teich
Ahrensburger Straße
Holstenhofweg
Luetkensallee
Eichtalstraße

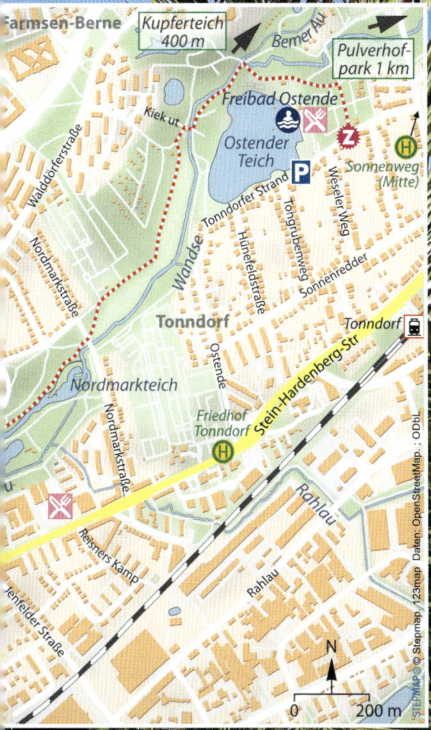

BESTE ZEIT

Entlang der Wandse ab dem Frühling. Sonst natürlich zur Badesaison. Idealerweise unter der Woche, dann ist es leerer.

START & ANREISE

Eingang Eichtalpark, Ahrensburger Str. 14, 22041 Hamburg. Parken am Fahrbahnrand.

Freibad Ostende, Tonndorfer Strand 37, 22045 Hamburg. Parken in der Straße Tonndorfer Strand.

ÖPNV Eichtalpark: Bushaltestelle *Eichtalstraße* der Linien 9, 608.

ÖPNV Freibad Ostende: RB81 bis Bf. Tonndorf, oder Bus 9 bis Haltestelle *Friedhof Tonndorf* oder *Bf. Tonndorf*, oder Bus 167 bis Haltestelle *Sonnenweg (Mitte)*.

WOMIT BIN ICH UNTERWEGS?

Mit dem Rad oder zu Fuß.

WAS NEHME ICH MIT?

Badesachen, Sonnenschutz, ausreichend zu trinken und evtl. Proviant.

EXTRA-TIPP

Wer seine kleine Radtour fortsetzen will, radelt durch den herrlichen Grüngürtel entlang der Wandse weiter zum *Pulverhofpark* und macht auf dem Rückweg noch einen Abstecher entlang der *Berner Au* zum *Kupferteich*.

ÖJENDORFER SEE

Was für ein Park! Was für ein See!
An diesem für viele Hamburger beliebten Ausflugsziel wird gegrillt, gespielt und gebadet, was das Zeug hält.

Nach dem Volkspark und dem Stadtpark ist der **Öjendorfer Park** Hamburgs drittgrößter Park. Hier finden Besucher in hügeligem Gelände aus einem Wechsel von Wiesen und Wald ausgedehnte **Wanderwege**, eine **Ponyreitbahn**, zwei **Spielplätze**, einen **Rodelberg, Freiluft-Schach, Tischtennis, Grillplätze, Strände, Duschen, Toiletten,** zwei **Imbisse** und einen **Minigolfplatz**.

Mitten in dieser traumhaften Landschaft liegt der **Öjendorfer See,** der in den Sommermonaten an zwei herrlichen **Sandstränden** zum Baden einlädt – wenn sich bei langanhaltend heißem Wetter keine Blaualgen gebildet haben! Im **Südteil** des Sees gibt es gar einen abgegrenzten **Nichtschwimmerbereich**.

Der **Nordteil** des Sees ist als **Vogelschutzgebiet** ausgewiesen und nicht für die Freizeitnutzung freigegeben.

Steht man oben auf dem Spazierweg und genießt den herrlichen Blick hinunter auf den See und die ausgedehnten Freiflächen, fragt man sich allen Ernstes: Wer mäht hier eigentlich diese riesigen Wiesen?

BESTE ZEIT

Natürlich zur Badesaison. Idealerweise an einem Wochentag.

START & ANREISE

Parkplatz Driftredder, zwei Parkplätze am Barsbütteler Weg, Parkplatz Bruhnrögenredder, 22117 Hamburg.

ÖPNV: Mit der U2 bis *Steinfurther Allee.* Von dort Bus 432 bis Haltestelle *Salomon-Petri-Ring.* Oder Bushaltestelle *Gleiwitzer Bogen* der Linie 263.

WAS NEHME ICH MIT?

Badesachen, Sonnenschutz, ausreichend zu trinken, evtl. Proviant.

EXTRA-TIPP

Südlich des Sees kann man zur Erdbeersaison auf dem Selbstpflückfeld des *Erdbeerhof Glantz* Erdbeeeren und Himbeeren pflücken und naschen. https://delingsdorf.glantz.de

BILLERHUDER INSEL

Wir umrunden Hamburgs grünste Insel und gelangen auf Mittel- und Südkanal, die den Oberhafen mit den Nebengewässern der Bille verbinden, in eine ganz andere Welt.

Man kennt die schicken **schwimmenden Häuser** – die Floating Homes – aus der Magazinsendung *Ernährungs-Docs* des NDRs. Aufgereiht liegen sie im Kanal vor der Kulisse des **Berliner Bogens,** einem gläsernen Bürokomplex, vom Stararchitekten *Hadi Teherani* erbaut. Auf dem Rückweg werden wir an den Hausbooten noch vorbeikommen.

Mit Blick auf sie halten wir uns daher gleich am Start nach links (Nordosten) und kommen über **Mittelkanal** und **Rückerskanal** zur **Bille** und damit zur **Billerhuder Insel,** die wir einmal umrunden. Die **Gartenkolonie von 1921** ist eine erholsame Grünfläche für die Bürger der benachbarten Stadtteile, mit rund 600 Kleingärten, wie sie unterschiedlicher nicht sein könnten. Mal spießig-kitschig, dann wieder üppige Blumenparadiese oder sympathisch „verloddert". Hier kann einfach jeder gärtnernd glücklich werden.

Auf unserem Weg zurück geht es durch den **Südkanal**, wo das Grün einer wilden Mischung aus Speichern, Lagerhallen, Wohnblöcken und Industrieanlagen Platz macht. Auf den letzten Metern passieren wir dann auch mit Blick auf den Berliner Bogen, die oben erwähnten futuristischen **Hausboote**.

Alles in allem eine tolle Nachmittagsrunde in ein kleines, grünes Paradies in der großen Metropole.

FANATIC

BESTE ZEIT

Zwischen Frühjahr und Herbst, für erfahrene Paddler auch im Winter. Hier hat man auch an den Wochenenden das Wasser für sich allein.

START & ANREISE

Kanu-Steg am Oskar-Kreßlau-Sportplatz, 20537 Hamburg. Das Auto parkt man in Höhe der Wendenstraße 120 und gelangt über einen Fußweg zum Kanusteg.

ÖPNV: S 3 oder S 31 bis *Hammerbrook*. Von dort zu Fuß oder mit Bus 160 bis *Wendenstraße*.

WOMIT BIN ICH UNTERWEGS?

SUP-Board oder Kanu.

Sonntags kann man sich auch einer geführten *SUP-Urban-Bille-Tour* anschließen oder jederzeit nach Anmeldung ein SUP bei *Elbgänger Sup* mieten. www.elbgaenger-sup.de

DAUER

Ca. 8 km, 2-3 Std.

WAS NEHME ICH MIT?

Wechselkleidung (wasserdicht verpackt), Regen-/Sonnenschutz, ausreichend zu trinken, evtl. Proviant.

EXTRA-TIPP

Das *BOOT* ist eine Nachbarschafts-Initiative und Beteiligungs-Projekt für das Hamburger Osterbrookviertel. Am Osterbrookplatz (keine Parkplätze!) ist ein jetzt fester Begegnungsort für Nachbarschaften, Kultur und Sport entstanden – mit SUP-Einstieg, Kanutouren, *BOOTsWagen-Café* (Mai-Sep Do-So), Konzerten und Events. Jährlich im September gibt es das Musikfestival *Osterbrooklyn*. www.boot-in-hamburg.de

Der *Biller Wassersport Schwalbe* ist ein netter kleiner Verein für Neu- und Althamburger mit tollen Mitgliedern – Paddeln, Feiern, Wanderungen, Radtouren, . . . www.bws-schwalbe.de

Mehr SUP-Touren im *SUP-GUIDE Hamburg*.

FLOATING HOME

Fast unmerklich schaukelt der Wind unser schwimmendes Ferienhaus und mich in den Schlaf. Nach einem ereignisreichen Sightseeing-Tag liegt die erste Nacht in einem Hausboot vor uns . . . wie schöööön!

Das im Bauhaus-Stil eingerichtete, 117 qm große **Hausboot** gleicht weniger einem Schiff als einem modernen Loft. Am Morgen sitzen wir mit frisch duftendem Kaffee in der Hand auf dem Sofa und schauen durch die großen Fenster hinaus aufs Wasser. Draußen zieht eine Gruppe SUPer mit ihren Boards vorbei. Sie machen uns Lust, heute ebenfalls den Stadtteil, mit seiner wilden Mischung aus Speichern, Lagerhallen, Wohnblöcken und Fabrik-Lofts, paddelnd zu entdecken. Am Abend wollen wir auf jeden Fall den Grill auf der **Dachterrasse** anschmeißen. Es soll warm bleiben. Und was gibt es Schöneres, als den Geräuschen der Großstadt zu lauschen, während man doch der Natur so nah ist? Spätestens am zweiten Tag haben wir den Alltag komplett vergessen. Sollte das Wetter noch umschlagen, können wir einen Regentag auch mal problemlos mit einem Buch an unserem neuen **Lieblingsplatz** verbringen.

Na, Lust bekommen?

BESTE ZEIT
Frühjahr und Sommer.

DAUER
Mindestmietdauer 2 Tage, in den Sommermonaten teilweise 3 Tage.

START & ANREISE
Victoriakai-Ufer 2c
(Navi: Wendenstr. 120)
20097 Hamburg
info@sirhamburg.de

ÖPNV: Bus 160 bis *Wendenstraße* oder S-Bahn S3/S31 bis *Hammerbrook (City Süd)*.

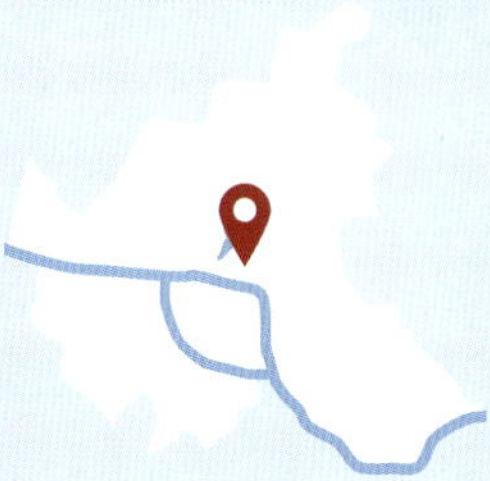

GUTES ESSEN
Indonesische Küche nur wenige Schritte entfernt: www.jawa-restaurant.de

Super leckeren Kaffee gibt's hier: www.mayakaffeeroesterei.de

EXTRA-TIPP
SUP bei *Elbgänger Sup* mieten, um den Charme des Viertels vom Wasser aus kennenzulernen: www.elbgaenger-sup.de

ENTENWERDER & KALTEHOFE

Direkt an der Elbe liegt auf einem Ponton das schwimmende Café Entenwerder 1. Hier treffen sich Gaumenfreunde, Wasser- & Ruhesuchende – Elbblick natürlich inklusive. Gleich nebenan vereint die Wasserkunst Elbinsel Kaltehofe Industriedenkmal, Naturpark und Naturerlebnispfad.

Der perfekte Ort, um die ersten warmen Sonnenstrahlen zu genießen, ist der **Goldene Pavillon** von **Entenwerder 1** – 2007 für die Ausstellung *Skulptur Projekte Münster* entstanden. Aus goldfarbenem, gelochtem Messing ist die Außenhaut des Kunstwerks, hinter der sich auf drei Ebenen ein sehr chilliges Café befindet. Mit Blick über die **Norderelbe** auf den gegenüberliegenden Peutehafen genießen wir eine köstliche Rhabarber-Baiser-Torte. Kaum können wir uns von dieser bunten und kunstvoll gestalteten, schwimmenden Welt lösen, aber wir haben noch was vor.

Ein kurzer Gang über das Billwerder Sperrwerk und wir sind im **Museum** der besonderen Art. Nachdem 1892 in Hamburg die Cholera ausbrach, baute man zur Wasserreinigung die Filtrationsanlage auf der **Elbinsel Kaltehofe** (www.wasserkunst-hamburg.de).

An 20 fußballfeldgroßen Filterbecken stehen die sogenannten **Schieberhäuschen**: kunstvoll gestaltete Backsteinhäuschen, die zur Kontrolle & Regelung des Wasserstandes und der Filterung dienten. Nach Stilllegung der Anlagen haben Tiere und Pflanzen das Gelände erobert – über 40, teils seltene, Vogelarten brüten hier. Rundherum ist ein **Naturerlebnispfad** angelegt, mit **Infotafeln, Barfußpfad, Insektenhotels, Wildkräuterwiesen** und vielem mehr. Zur heute europaweit einzigartigen Anlage gehört auch die historische Villa mit **Museum, Shop** und einem netten **Café**.

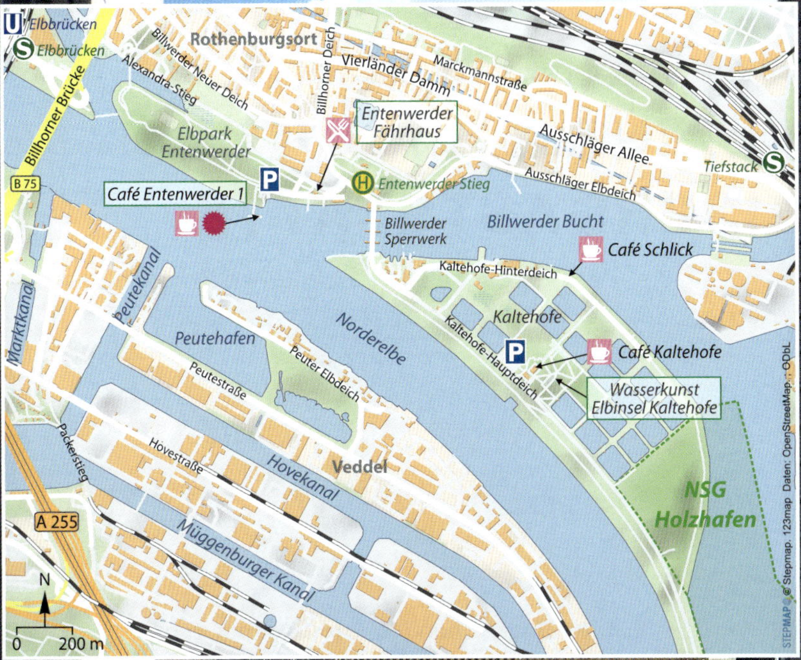

BESTE ZEIT
Frühjahr bis Herbst. An den Wochenenden ist es auf dem Ponton Entenwerder 1 meist richtig voll.

DAUER
Ein schöner Halbtagesausflug, auf dem man zu Fuß hin und zurück (mit Kaltehofe-Rundgang) etwa fünf bis sechs Kilometer unterwegs ist.

START & ANREISE
Entenwerder 1, 20539 Hamburg
www.entenwerder.com

ÖPNV: Bus 530 bis *Entenwerder Stieg.*

WOMIT BIN ICH UNTERWEGS?
Zu Fuß oder per Rad.

GUTES ESSEN
Das *Café Kaltehofe* hat an Sonn- und Feiertagen ein tolles Brunch-Buffet (www.kochlust.de/locations/cafe-kaltehofe), während es im Nordteil der Elbinsel Kaltehofe beim *Café Schlick* im Moorfleeter Yachthafen richtig leckere Fischbrötchen gibt (und mehr).

EXTRA-TIPP
Ein Geheimtipp ist die kleine Gaststätte *Entenwerder Fährhaus*, die schon seit 1872 existiert. Samstag- und Sonntagnachmittag gibt es den rustikalen Charme der 1970er-Jahre zu bestaunen.
https://entenwerder1872.business.site/

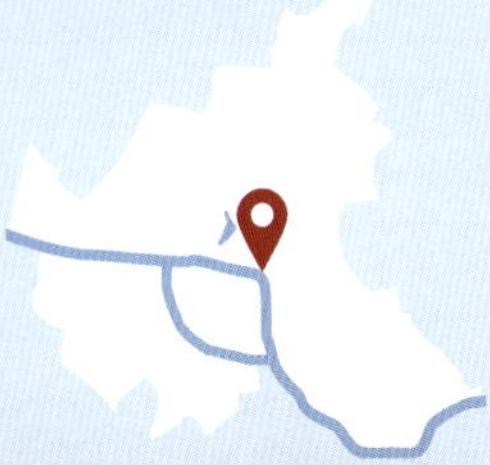

HAFENMUSEUM, PEKING & VEDDELER FISCHGASTSTÄTTE

Nicht nur die Viermastbark PEKING ist auf dem Museumsgelände zu bestaunen. Wer pure Hafenromantik sucht, kommt hier voll auf seine Kosten.
Ein anderes maritimes Kleinod ist die 90 Jahre alte, kultige Veddeler Fischgaststätte, die älteste Hamburgs.

Bis der Neubau des **Deutschen Hafenmuseums** und der zukünftige Liegeplatz der **PEKING** auf dem **Kleinen Grasbrook** in der zweiten Hälfte der 2020er-Jahre fertiggestellt sein wird, können wir den majestätischen „Hamborger Veermaster" mitten im ehemaligen Freihafen, vor dem Südteil des Schuppens 50A, bewundern. Sie ist einer der vier noch erhaltenen legendären Flying P-Liner und wurde 1911 auf der Werft Blohm & Voss gebaut. Bis 1932 als Frachtschiff zum Salpeter-Transport aus Chile eingesetzt, umrundete sie ganze 34-mal Kap Hoorn.

Außerdem werden im **Museum** Exponate des Güterumschlags, des Schiffbaus, der Schifffahrt und der Meerestechnik der letzten 100 Jahre gezeigt.

Nicht leicht zu finden ist die 1932 eröffnete **Veddeler Fischgaststätte**. Mit ihrer Einrichtung aus den 1950er-Jahren ist die Kult-Gaststätte eine Hamburger Institution. Wir sitzen im schönen Sommergarten im Strandkorb und studieren die kleinste Speisekarte Hamburgs. Nirgendwo sonst hat uns der Backfisch mit Kartoffelsalat so gut geschmeckt: außen knusprig und innen saftig. So soll's sein!

BESTE ZEIT

Zu jeder Jahreszeit.

Hafenmuseum ab April geöffnet, 10-17/18 Uhr, Di geschlossen.

Fischgaststätte Mo-Fr 11-17.45. In den Hamb. Sommerferien meist geschlossen.

DAUER

Zwischen Hafenmuseum und Fischgaststätte liegen etwa 2,3 Kilometer.

START & ANREISE

Deutsches Hafenmuseum, Kopfbau des Schuppens 50A, Australiastraße, 20457 Hamburg. https://shmh.de/de/deutsches-hafenmuseum

Veddeler Fischgaststätte, Tunnelstraße 70, 20539 Hamburg, www.veddeler-fischgaststaette.de

ÖPNV: S-Bahn S3/S31 bis *Veddel (BallinStadt),* mit Bus 256 bis *Hafenmuseum.*

WOMIT BIN ICH UNTERWEGS?

Zu Fuß oder per Rad.

EXTRA-TIPP

Für Millionen von Menschen war die Stadt Hamburg der Aufbruchsort für ihre Reise in die Neue Welt gewesen. Im *Auswanderermuseum BallinStadt* erlebt man deren Geschichte hautnah. www.ballinstadt.de

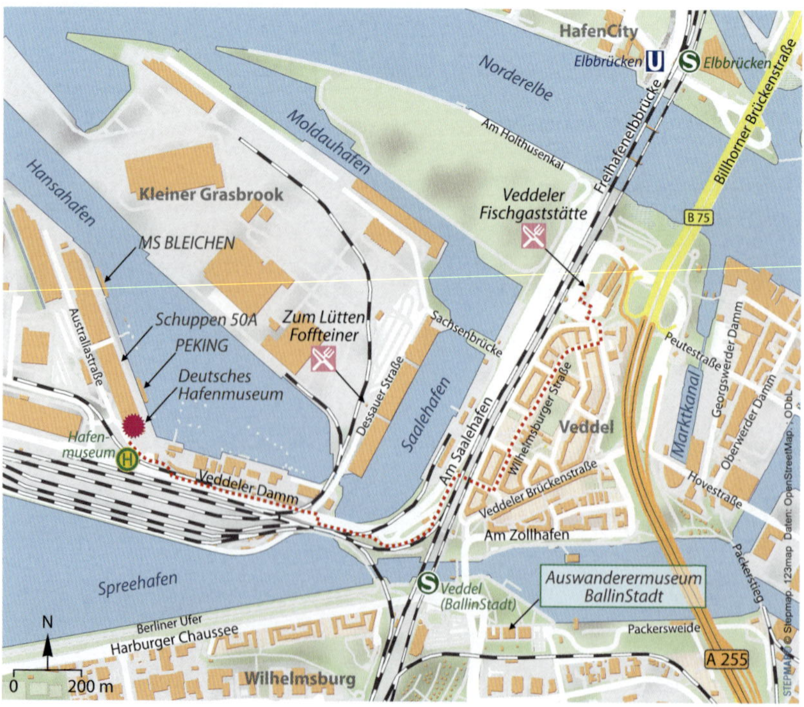

Gaststätte
ASTRA

HAFENCITY

Elbphilharmonie, Traditionsschiffhafen Sandtorkai, Internationales Maritimes Museum, Überseeboulevard, Kreativ-Viertel Oberhafenquartier. Die HafenCity wächst stetig und ist und bleibt spannend!

Wer die HafenCity vom U-Bahnhof Baumwall kommend betritt, steht schon bald im weltweit größten Stadtentwicklungsprojekt der Neuzeit. Einem modernen, neuen Stadtteil direkt im Hamburger Hafen, der Wohnen, Arbeit, Kultur, Bildung, Freizeit und Tourismus miteinander verbindet. Die **Elbphilharmonie**, Wahrzeichen der Stadt, ist sicher das bekannteste Bauwerk. Das Gesamtkunstwerk aus Architektur, Musik und einzigartiger Lage ist eine kühne, wellenförmige Glaskonstruktion mit atemberaubender Akustik, die auf den Fundamenten des **historischen Kaispeichers** ruht. Von der Aussichtsplattform der *Elphi-Plaza* hat man einen tollen Blick auf die Stadt und den Hafen.

Entlang des **Sandtorhafens** kommt man zum Ponton im Hafenbecken, an dem mehrere **historische Schiffe** vor Anker liegen. Bei der Eröffnung 1866 war er das erste künstlich geschaffene Hafenbecken Hamburgs, in dem Seeschiffe längsseits am Kai liegend abgefertigt werden konnten.

An den **Magellan-Terrassen** davor und den **Marco-Polo-Terrassen** am danebenliegenden **Grasbrookhafen**, laden breit angelegte Sitzstufen ein, die maritime Stimmung auf sich wirken zu lassen. In der Fußgängerzone des nahen **Überseeboulevards** haben sich viele kleine **Geschäfte, Restaurants** und **Galerien** angesiedelt. Dienstags findet man hier auf dem Marktplatz unter dem Motto **„Streetfood trifft Wochenmarkt"** einige der besten Foodtrucks Hamburgs.

BESTE ZEIT

Das ganze Jahr über.

START & ANREISE

Parkplatz Kehrwieder, 20457 Hamburg.

ÖPNV: U-Bahnstationen *Überseequartier* oder *HafenCity Universität* (U4), *Meßberg* (U1), *Baumwall* (U3).

WAS NEHME ICH MIT?

Bequemes Schuhwerk, Sonnen-, Wind- und Regenschutz.

GUTES ESSEN

Im historischen Hafenlieger serviert das *Lieger Caesar* leckeres Essen. www.liegercaesar.de

Im Kreativ-Viertel *Oberhafenquartier* (www.der-oberhafen.de) serviert die *Oberhafenkantine* im

windschiefen historischen Backsteinbau traditionelle Hamburger Gerichte. www.oberhafenkantine-hamburg.de

Ein paar Schritte weiter sind in einer ehemaligen Lagerhalle das coole Restaurant mit Markthalle *Hobenköök* entstanden – mit Fokus auf lokale Produkte. www.hobenkoeoek.de

EXTRA-TIPP

Harrys Hafenbasar, ein originelles Museum in einem Schiff im *Sandtorhafen*, unterhält die Besucher mit kuriosen Reisemitbringseln Hamburger Seeleute. www.hafenbasar.de

Das *Internationale Maritime Museum* im denkmalgeschützten *Kaispeicher B* zeigt auf neun Ausstellungsdecks 3.000 Jahre alte Schifffahrtsgeschichte mit wertvollen Exponaten, Gemälden und Schiffsmodellen. www.imm-hamburg.de

Am Gedenkort *denk.mal Hannoverscher Bahnhof* im *Lohsepark* erinnern 20 Tafeln namentlich an mehr als 8.000 Juden, Sinti und Roma, die zwischen 1940 und 1945 aus Hamburg deportiert wurden. https://hannoverscher-bahnhof.gedenkstaetten-hamburg.de/de

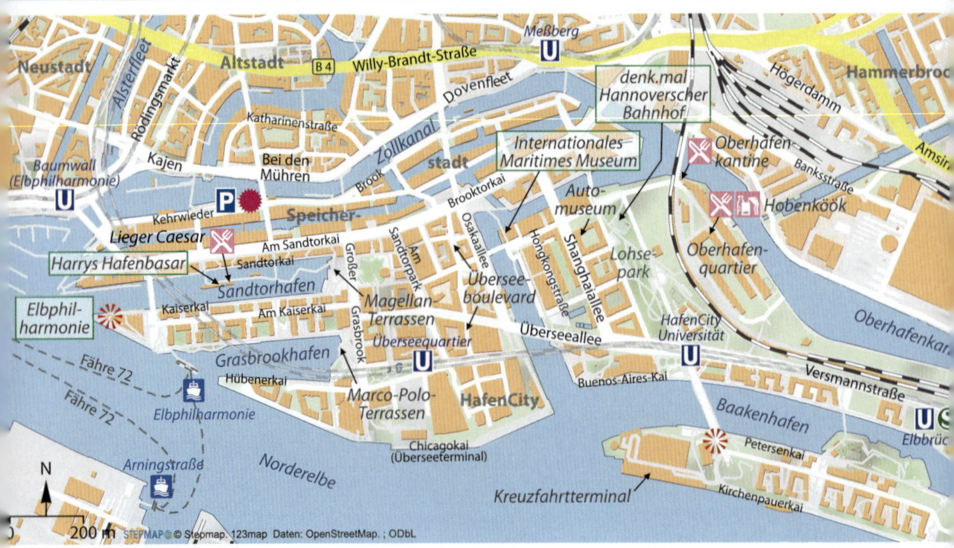

18

HAFENCITY RIVERBUS

Bus ahoi! Für ungläubige Blicke sorgt der HafenCity RiverBus in der historischen Speicherstadt – die erste kombinierte Stadt- und Flussrundfahrt des Landes mit einem Amphibienfahrzeug.

Eine Rundfahrt der ganz besonderen Art ist die etwas mehr als einstündige **Stadtkreuzfahrt** durch das UNESCO Weltkulturerbe **Speicherstadt** und **HafenCity** zur Halbinsel **Entenwerder**.

Mit der aufregenden Wasserung in die Elbe wird der HafenCity RiverBus zum Schiff und setzt seine Reise elbaufwärts fort. In Richtung Tiefstack durchfährt man das zweitgrößte **Sturmflut-Sperrwerk** Deutschlands und gelangt in die **Billwerder Bucht** und den sich im Süden anschließenden **Holzhafen**, eines der letzten und wertvollsten Süßwasserwattgebiete in Hamburg. An der Rampe neben dem auf einem Ponton befindlichen Café *Entenwerder 1* verwandelt sich das Schiff wieder zurück in einen Bus. Entlang des **Großmarktes** und dem Szene-Quartier **Oberhafen** geht es zurück in die Speicherstadt zum Ausgangspunkt.

BESTE ZEIT
Bei schönem Wetter macht's natürlich besonders Spaß. Vorab online buchen!

ANREISE
HafenCity RiverBus
Brooktorkai 16,
20457 Hamburg
hafencityriverbus.de

Parkraum ist rar, daher besser mit ÖPNV: U-Bahnhaltestellen *Messberg* (U1), *Überseequartier* (U4), Buslinien 6, 111.

WOMIT BIN ICH UNTERWEGS?
Mit dem HafenCitiy RiverBus, einem Amphibienfahrzeug.

WAS MITNEHMEN?
Fotoapparat, evtl. Fernglas.

DAUER
Rund 70 Minuten – 40 Minuten an Land, 30 Minuten im Wasser.

Treffpunkt: 15 Minuten vor geplanter Abfahrt an der Haltestelle in der Speicherstadt am Brooktorkai 16 (auf der Brooktorkaibrücke neben dem Fleet-schlösschen).

EXTRA-TIPP
Die Hafenschnackerin – mit Maike Brunk auf alternativer Hafenrundfahrt
www.elbinsel-tour.de

SPEICHERSTADT

Ein Superlativ jagt den anderen: Größtes Lagerhausensemble der Welt und deren größtes Orientteppichlager, UNESCO-Welterbe, Drehort bekannter Fernsehserien und Standort Deutschlands beliebtester Touristenattraktion – das Miniatur Wunderland. Ein Abstecher in die Speicherstadt darf bei keinem Hamburg-Besuch fehlen.

Das Besondere an den, zwischen 1883 und Ende der 1920er Jahre erbauten, neugotischen **Backstein-Lagerhäusern** sind die Tausenden von Eichenpfählen, auf denen die Gebäude ruhen. Das ganze Areal ist rund 1,5 Kilometer lang, bis zu 250 Meter breit und wird von sechs **Fleeten** durchzogen. Über sie schaffte man vor allem Kautschuk, Tee, Kaffee und Gewürze mit kleinen Booten vom Hafen heran und das Stückgut wurde dann über am Hausgiebel befindliche Seilwinden in die Lagerräume gezogen. Diese waren unbeheizt und das ganze Jahr über herrschte in ihnen wegen der dicken Mauern ein ausgeglichenes Klima.

Heute ist die Speicherstadt ein Touristenmagnet mit Highlights wie dem **Miniatur Wunderland, Speicherstadtmuseum, Hamburg Dungeon, Gewürz-** und **Zollmuseum, Kaffeemuseum, Dialog im Dunkeln** und vielem mehr. Wir lieben den Spaziergang in der Dämmerung, wenn zwischen den beleuchteten, historischen Backsteingebäuden, mit den bizarren Türmchen und Giebeln, so richtig romantische Stimmung aufkommt.

THEATER
KEHRWIEDER
Ford
CW 2438

BESTE ZEIT
Das ganze Jahr über.

START & ANREISE
Parkplatz Kehrwieder, 20457 Hamburg.

ÖPNV: U-Bahnstation *Baumwall* (U3) und *Meßberg* (U1).

WAS NEHME ICH MIT?
Sonnen-, Wind- und Regenschutz.

GUTES ESSEN
Im *Fleetschlösschen by Daniel Wischer* lassen wir uns Fish & Chips direkt am Fleet schmecken. www.fleetschloesschen.de

EXTRA-TIPP
In der *Speicherstadt Kaffeerösterei* erfährt man in einem ehemaligen Original-Kaffee-Speicher mehr über die Welt der dunklen Bohne und verköstigt frisch gebrühten Kaffee aus den verschiedensten Ländern. www.speicherstadt-kaffee.de

Im nahen *Kontorhausviertel*, im Stil des Backsteinexpressionismus erbaut, steht das *Chilehaus*. Das in Form eines Schiffes Anfang der 1920er Jahre errichtete Gebäude zählt ebenfalls zum UNESCO-Welterbe und gilt als Ikone des Expressionismus. www.chilehaus.de

Barkassenfahrt durch die Speicherstadt. www.barkassenvermietung-hamburg.com

Rödingsmarkt
Ludwig-Erhard-Straße
Kontorhausviertel
Meßberg
Chilehaus
Altstadt
Domstraße
Neustadt
B 4
Willy-Brandt-Straße
Herrengrabenfleet
Alsterfleet
Rödingsmarkt
Schaarsteinweg
Deutsches Zollmuseum
Dovenfleet
Dialog im Dunkeln
Oberbaumbrücke
Barkassenfahrt
Nikolaifleet
Zippelhaus
Alter Wandrahm
stadt
Kaffeerösterei
Kaffeemuseum
Miniatur Wunderland
Fleetschlösschen
Kajen
Baumwall (Elbphilharmonie)
Hamburg Dungeon
St. Annenufer
Internationales Maritimes Museum
denk.mal Hannoverscher Bahnhof
Vorsetzen
Binnenhafen
Zollkanal
Brook
Pickhuben
Brooktorkai
Baumwall
Kehrwieder
Speicher-
Automuseum
Kehrwiederfleet
Am Sandtorkai
Singapurstraße
Osakaallee
Koreastraße
Niederhafen
Speicherstadtmuseum
Gewürzmuseum
Sandtorkai
Am Sandtorpark
Hongkongstraße
Shanghaiallee
Lohsepark
Großer Grasbrook
Überseeboulevard
Sandtorhafen
Elbphilharmonie
Kaiserkai
Am Kaiserkai
HafenCity
Überseeallee
HafenCity Universität
Überseequartier
Grasbrookhafen
Grasbrookpark
Fähre 72
Hübenerkai
Am Strandkai
Buenos-Aires-Kai
Fähre 72
Elbphilharmonie
Norderelbe
Chicagokai (Überseeterminal)
N
0
100 m
STEPMAP © Stepmap, 123map, Daten: OpenStreetMap. ; ODbL

HISTORISCHE FLEETFAHRT

Wer die Wiege des Welthafens Hamburg erleben will, bricht auf zu einer Rundfahrt ins Nikolaifleet, dem früheren Hauptmündungsarm der Alster in die Elbe. Hier liegt die Grenze zwischen Neustadt und Altstadt.

Früher schlängelten sich noch mehr kleine Fleete durch die **Hamburger Altstadt,** die der Entwässerung und dem Warenverkehr dienten. Nach dem Zweiten Weltkrieg wurden sie allerdings meist mit Trümmern aufgefüllt. Heute ist das Schmuckstück **Nikolaifleet**, wo schon 1188 die ersten Bauarbeiten für eine Hafenanlage begannen, neben dem **Alsterfleet, Herrengrabenfleet, Bleichenfleet** und dem kleinen Teil des **Mönckedammfleets** eines der letzten historischen Alsterfleete. Richtung Westen wird es von der **Deichstraße** begrenzt, wo 1842 der Große Brand seinen Anfang nahm, der rund ein Viertel der Stadt vernichtete und 20.000 Menschen obdachlos machte.

Auf einer **Barkassenfahrt** bestaunen wir das **Hambuger Rathaus** mit seinem hohen Turm, die alten Brücken mit ihren hübschen schmiedeeisernen Brückengeländern und Leuchten und die großen, backsteinernen Kaufhäuser. Vor den Häusern des letzten erhaltenen Ensembles **Althamburger Bürgerhäuser** aus dem 15. und 16. Jahrhundert sitzen die Menschen auf den Pontons im **Nikolaifleet** in schönen Außen-Cafés.

Die Fahrt erfolgt wahlweise von Jungfernstieg oder Baumwall über **Alsterfleet, Binnenhafen** und durch das nur bei Sturmflut geschlossene **Nikolaisperrwerk** ins **Nikolaifleet**. Von dort geht es über **Speicherstadt** und **HafenCity** wieder zurück. Eine tolle Fahrt!

PRÄSIDENT

78 **Historische Fleetfahrt** (Hamburg-Altstadt)

BESTE ZEIT
Das ganze Jahr über. Idealerweise bei sonnigem Wetter.

START & ANREISE
Verschiedene Startpunkte sowohl im Hafen (z.B. Baumwall), als auch an der Binnenalster (Jungfernstieg).

Infos:
www.alstertouristik.de

www.hafenrundfahrten.com

www.barkassen-centrale.de

www.hamburg-tourism.de

ÖPNV Alster: U-/S-Bahn *Jungfernstieg* (U2, U4, S1, S2, S3, S31)

ÖPNV Hafen: *Baumwall* (U3).

WOMIT BIN ICH UNTERWEGS?
Mit der Barkasse.

DAUER
Rund zwei Stunden.

WAS NEHME ICH MIT?
Sonnen-, Wind- und Regenschutz, Fernglas, Fotoapparat.

GUTES ESSEN
Herzhafte Buchweizen-Galettes gibt es im Sommer auf einem schwimmenden Ponton im Nikolaifleet an der historischen Deichstraße. Eine kleine Reise in die Bretagne . . . mitten in Hamburg! *Ti Breizh - Haus der Bretagne,* Deichstraße 39, 20459 Hamburg, www.tibreizh.de

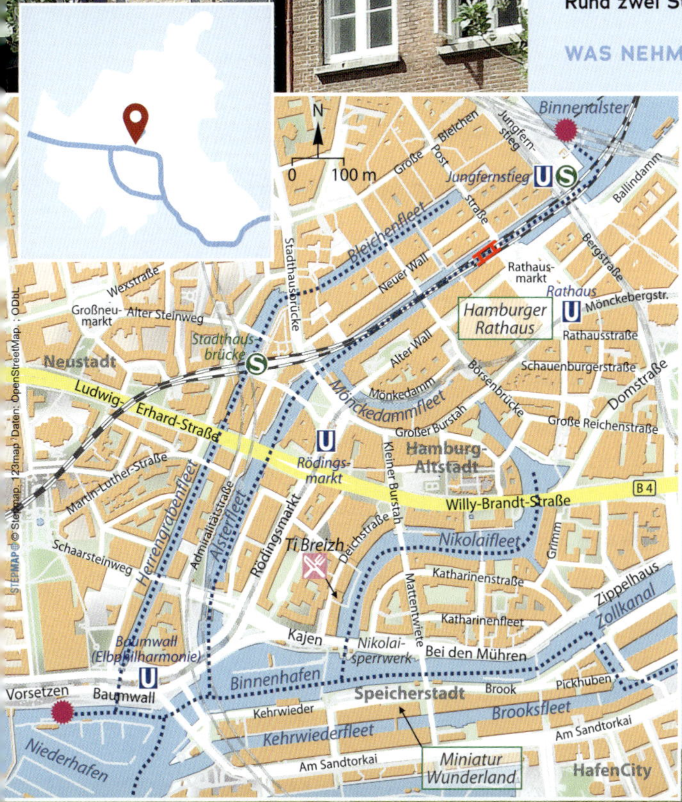

CAP SAN DIEGO – RICKMER RICKMERS – U-BOOT 434

Wer vom Baumwall über die Landungsbrücken Richtung Fischmarkt läuft, kommt an mehreren Museumsschiffen vorbei, die allemal einen Besuch lohnen.

Den Anfang macht die am **Baumwall** liegende, 1961 erbaute **Cap San Diego.** Das größte noch fahrtüchtige Museumsschiff weltweit ist ein echter Besuchermagnet und das letzte noch erhaltene Schiff einer Serie von sechs schnellen Stückgutfrachtern. Hier kann man in Original- oder in der ehemaligen Kapitänskajüte übernachten. Beliebt bei Gruppen sind der bis zu 18 Meter hohe **Hochseilgarten** und die vier **Escape Rooms**. www.capsandiego.de

Das dreimastige **Museumsschiff Rickmer Rickmers** liegt unweit der **Landungsbrücken** und ist das schwimmende Wahrzeichen Hamburgs. Der Großsegler, der 1896 auf einer Bemerhavener Werft vom Stapel lief, verfügte gleich über drei Antriebsarten: Wind, Dampf und Diesel. Er brachte Reis und Bambus aus Hongkong mit, fuhr in die USA und bereiste den Indischen Ozean sowie weitere Länder in Fernost. www.rickmer-rickmers.de

Wer unter Klaustrophobie leidet, sollte das auf Höhe des **St. Pauli Fischmarkts** liegende, noch immer funktionsfähige, russische **Unterseeboot U-434** meiden. Es ist am besten im Rahmen einer Führung zu besichtigen, sonst bleiben einem die Hintergründe und technischen Details verborgen. In der Zeit des Kalten Krieges lag es vor der Küste der USA und konnte bis zu 400 Meter tief tauchen. Das als eines der größten nichtatomaren Jagd- und

Spionage-U-Boote seiner Zeit geltende U-Boot ist Zeitzeuge und gleichzeitig Mahnmal gegen den Krieg.
www.u-434.de/de/u-boot_museum.html

BESTE ZEIT
Das ganze Jahr über. Eine gute Alternative bei „Schietwetter".

START & ANREISE
Parkhaus Hafentor, Johannisbollwerk 19, 20459 Hamburg.

ÖPNV: U-Bahnstationen (U3) *Baumwall* und *Landungsbrücken.*

WAS NEHME ICH MIT?
Sonnen-, Wind- und Regenschutz.

GUTES ESSEN
In dem am Baumwall ankernden roten *Feuerschiff LV 13*, einst ein mobiler Leuchtturm, kann man heute lecker essen oder sich in den Kabinen einquartieren. Im Maschinenraum des Schiffes gibt es ein vielfältiges Kulturprogramm von Jazz über Lesungen bis hin zu Theater.
www.das-feuerschiff.de

EXTRA-TIPP
Mediterranes Flair genießt man jenseits der Uferpromenade (zwischen Baumwall und Landungsbrücken) im *Portugiesenviertel.* Hier zogen in den 1970er-Jahren Gastarbeiter aus Portugal und Spanien in die damals unsanierten Gründerzeithäuser und viele von ihnen eröffneten in den Folgejahren Bars und Restaurants, in denen viele Seeleute aus Lateinamerika und der Iberischen Halbinsel ein zweites Zuhause fanden. Heute sind es weniger die Seeleute als die zahlreichen Touristen aus aller Herren Länder, die an den auf dem Bürgersteig stehenden Tischen Platz nehmen.

Fisch, Aioli, Brot – was will man mehr? Gibts z.B. im *NAU, Porto, Casa Ricardo, O Pescador . . .*

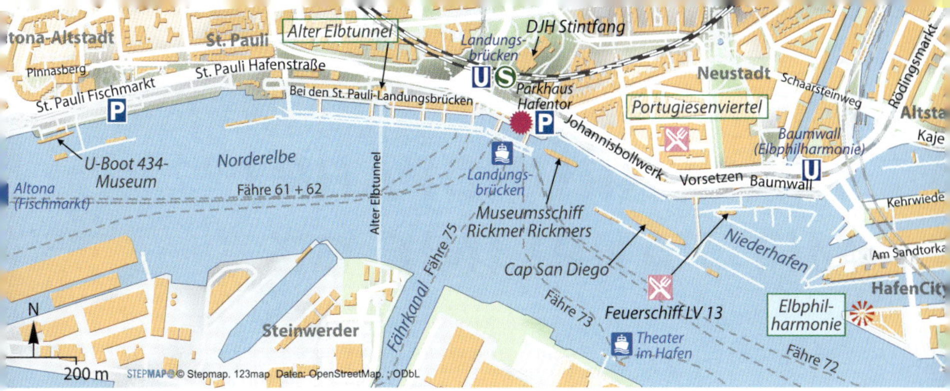
Altona-Altstadt
St. Pauli
Alter Elbtunnel
DJH Stintfang
Landungs-brücken
Pinnasberg
St. Pauli Hafenstraße
Neustadt
Schaarsteinweg
Rödingsmarkt
Altsta
St. Pauli Fischmarkt
Bei den St. Pauli-Landungsbrücken
Parkhaus Hafentor
Portugiesenviertel
Johannisbollwerk
Kaje
Baumwall (Elbphilharmonie)
U-Boot 434-Museum
Norderelbe
Landungs-brücken
Vorsetzen
Baumwall
Altona (Fischmarkt)
Fähre 61 + 62
Alter Elbtunnel
Kehrwiede
Museumsschiff Rickmer Rickmers
Fähre 75
Niederhafen
Am Sandtorkai
Cap San Diego
HafenCity
Fährkanal
Fähre 73
Feuerschiff LV 13
Elbphil-harmonie
Steinwerder
Theater im Hafen
Fähre 72
N
200 m
STEPMAP © Stepmap. 123map Daten: OpenStreetMap, ODbL

RICKMER RICKMERS
R
Hafentor Senatsponton

„HAFENRUNDFAHRT" MIT FÄHRLINIE 62

Wo gibt's denn so was? Eine Hafenrundfahrt mit dem günstigen Ticket des Hamburger Verkehrsverbunds (HVV), auf der beliebtesten Linie der HADAG-Hafenfähren. Eine günstige Alternative zur klassischen Hafenrundfahrt!

Die kleine **Hafenrundfahrt** für wenig Geld mit der **Hafenfähre 62** beginnt an der Brücke 3 der **St. Pauli-Landungsbrücken**. Für Pendler hinüber nach Finkenwerder ist sie als Teil des HVV eine wichtige Transportmöglichkeit, um schnell auf die andere Seite der Elbe zu gelangen, für Touristen dagegen als Alternative zur klassischen Hafenrundfahrt beliebt. An sonnigen Wochenenden ist die Fähre sehr voll! Wenn wir unterwegs aussteigen wollen, um die Gegend zu erkunden, haben wir natürlich unser Rad dabei. Fahrräder werden auf den Hafenfähren kostenlos transportiert.

Nun geht es die Elbe hinunter zum ersten Zwischenstopp – dem berühmten **Fischmarkt**, wo die **„Elbmeile"** einlädt, die **Große Elbstraße** am **Fischereihafen** entlang zu bummeln. Am **Hamburg Cruise Center** bewundern wir ein Kreuzfahrtschiff am 300 Meter langen Terminal und bestaunen dann das fantasievolle **Dockland-Glasgebäude**, das wie ein Schiffsrumpf in die Elbe ragt.

Viele Leute verlassen am **Museumshafen Övelgönne** die Fähre, wo der **Elbstrand** zum Sonnen und Spazierengehen lockt.

Nun kreuzt die Fähre die Elbe mit Blick auf das historische **Lotsenhaus Seemannshöft,** und hält in **Finkenwerder**, von wo aus viele mit dem Rad ins Alte Land starten, oder zur Airbus-Werft radeln, um Flugzeuge zu gucken. Man kann jetzt wieder mit der 62 zurückfahren oder in die Fähre 64 umsteigen und auch über die Elbe nach **Teufelsbrück / Jenischpark** (Othmarschen) fahren.

„Hafenrundfahrt" mit Fährlinie 62 (St. Pauli – Finkenwerder)

BESTE ZEIT

Das ganze Jahr über. Idealerweise bei sonnigem Wetter an Deck der Fähre.

START & ANREISE

Parkplatz St. Pauli Hafenstr. 45 oder Parkhaus Hafentor, Johannisbollwerk 19.

ÖPNV: U- & S-Bahn bis *Landungsbrücken* (Linien U3, S1, S2, S3).

WOMIT BIN ICH UNTERWEGS?

Mit der HADAG Hafenfähre Linie 62 (rote Route) nach Finkenwerder und zurück.

WIE LANG BIN ICH UNTERWEGS?

Hin- und zurück 1 h.

WAS NEHME ICH MIT?

Sonnen-, Wind- und Regenschutz, Fernglas.

GUTES ESSEN

Kult sind die Fischbrötchen der *Fischbrötchenbude Brücke 10* auf den Landungsbrücken. www.bruecke10.com

EXTRA-TIPP

Im Sommer packen wir die Badehose ein und genießen in *Finkenwerder* ein besonderes Bäderland-Erlebnis: *Schwimmbad mit Elbblick!* Tatsächlich nicht so überlaufen wie andere Bäder in der City, kann man hier vor allem im Freibad beim Planschen die großen Pötte vorüberziehen sehen. www.baederland.de/baeder/standorte

Eine echte Meisterleistung deutscher Ingenieurbaukunst ist der 427 Meter lange *Alte Elbtunnel* hinüber nach Steinwerder, von wo aus man einen herrlichen Blick auf das Stadtpanorama genießt. Die erste Flussuntertunnelung des Kontinents mit den kunstvollen Fliesen wurde 1911 eröffnet. www.hamburg.de/alter-elbtunnel

Viel gibt's auch auf einer klassischen *Großen Hafenrundfahrt* oder einer *Barkassenfahrt* zu erleben, vorbei an Ozeanriesen, durch Schleusen und Kanäle, in die historische Speicherstadt. Seemannsgarn inklusive. Es gibt verschiedene Anbieter. www.hamburg.de/hafenrundfahrt

FAIRPLAY XV
XV
ELBE 3

STRANDPAULI

Der trendige Beachclub ist einfach der Klassiker unter den Hamburger Beachclubs und mit dem einzigartigen Blick auf die Elbe unschlagbar.

Wer da kein Fernweh bekommt . . . ! Die Füße im warmen **Sand**, den **Cocktail** in der Hand und dabei den dicken Pötten und Kreuzfahrtschiffen hinterherschauen. So etwas geht eigentlich nur in Hamburg und das auch noch das ganze Jahr über.

Im Sommer sitzt man zum Feierabend in Loungemöbeln und stillt seinen Appetit mit saftigen **Burgern** und köstlichen **Bowls** oder hausgemachten **Pizzen**. An den Wochenenden ist das ausgedehnte **Deluxe-Frühstück** genau das Richtige und wer nur auf ein Stück **Kuchen** vorbeischaut macht ebenfalls nichts falsch. In der kalten Jahreszeit überwintern nicht nur Hartgesottene bei **chilligen DJ-Klängen**, einem **Punsch** und unverbautem **Elbblick** in der beheizten Hacienda, dem Herzstück StrandPaulis.

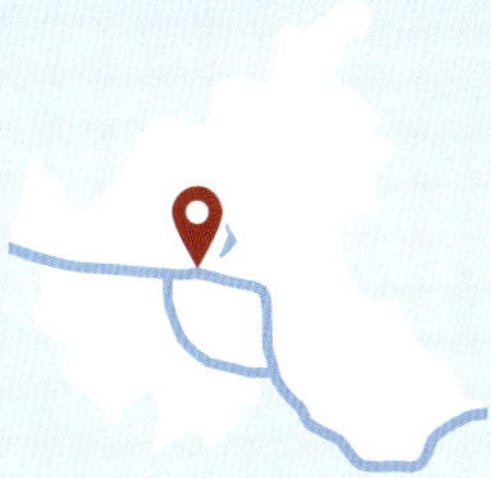

BESTE ZEIT

Das ganze Jahr über.

START & ANREISE

StrandPauli, Hafenstraße 89, 20359 Hamburg.

Nebenan Parkplatz St. Pauli Fischmarkt.

ÖPNV: S-/U-Bahn *Landungsbrücken* (U3). Bus (Linie 2) Haltestelle *St. Pauli Hafenstraße.*

GUTES ESSEN

StrandPauli – vielseitige Küche mit regionalen, auch veganen und vegetarischen Gerichten, meist in Bio-Qualität. www.strandpauli.de

EXTRA-TIPP

Wenn's mal voll sein sollte, weicht man einfach auf den *Dock 3 Beachclub*, 300 Meter weiter an den Landungsbrücken aus. www.dock3beachclub.de

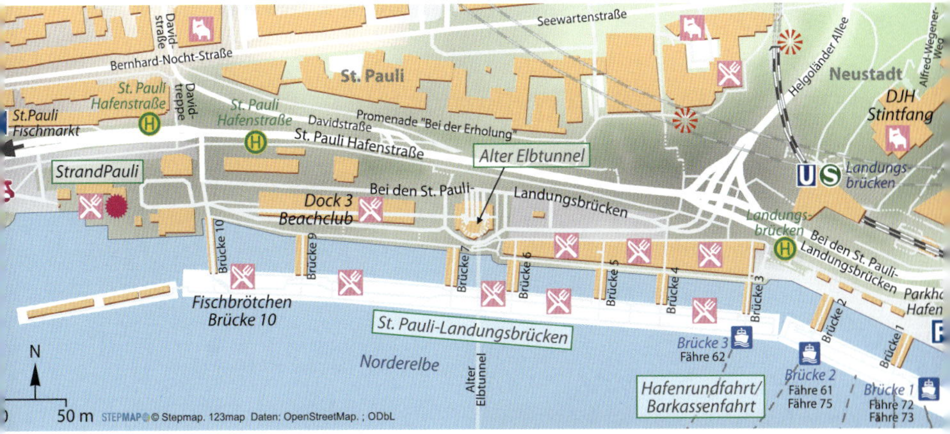

AUF DER „ELBMEILE"

Bekommen wir Hamburg-Besuch, steht sicherlich auch ein Spaziergang entlang der „Elbmeile" am Fischereihafen auf dem Programm. Zwischen Fischmarkt und Museumshafen finden sich urige Hafenkneipen neben schicken Designerläden, Grafikbüros und Szene-Restaurants.

Jeden Sonntag, ab fünf Uhr morgens, geht es auf dem **Fischmarkt** rund. Dann schlägt die Stunde der Marktschreier, dann laufen Aale-Dieter, Käse-Tommi oder Bananen-Fred zur Höchstform auf. Kiloweise Fisch findet seinen Weg in die Taschen der Besucher und die Pflanzen des Blumenkönigs gehen weg wie warme Semmeln. Nebenan, in der **Altonaer Fischauktionshalle**, wird schon jetzt zu Live-Musik das Tanzbein geschwungen. Glockenschlag 9.30 Uhr ist dann alles wieder vorbei – getanzt wird weiter.

Das maritime Viertel zieht sich über zweieinhalb Kilometer die Elbe entlang und überrascht mit einmaligem Mix aus moderner Architektur und denkmalgeschützten Gebäuden. In einer ehemaligen Malzfabrik präsentiert das **Stilwerk** exklusive Designvielfalt. Ein paar Schritte weiter wird im **Schellfischposten**, der „ältesten Seemanns-Kneipe Altonas", die kultige Fernsehsendung *Inas Nacht* aufgenommen. Im Schatten des Kreuzfahrtterminals Altona haben sich **Fischgroßhändler** angesiedelt und der frische Fisch wird auch gleich in den vielen Restaurants rundum serviert.

Bewundern können wir dann im **Museumshafen Övelgönne** das älteste seegängige Feuerschiff der Welt sowie Dampfschlepper, Schoner, Kutter, Kräne und historische Schiffe von Polizei und Zoll. Jetzt noch ein Fischbrötchen auf dem Ponton des **Fähranlegers Neumühlen** in *Nuggi's Elbkate*, der wohl urigsten Imbissstube Altonas.

BESTE ZEIT

Zu jeder Jahreszeit.

START & ANREISE

Parkplatz am Fischmarkt, Große Elbstr. 27, oder auf der Elbmeile (Große Elbstraße), oder Museumshafen Övelgönne in Neumühlen.

ÖPNV: Bus 2 und 111 fahren zum *Fischmarkt*, Bus 113 nach *Neumühlen/Övelgönne (Fähre)*. Fähre 62 fährt zum *Altona (Fischmarkt)* und *Neumühlen/Övelgönne*.

GUTES ESSEN

Zahllose gute Restaurants und Fischbistros entlang der Strecke!

Etwas abseits der „Meile", am Elbhang oberhalb der Großen Elbstraße, liegt das *Gasthaus zum Elbblick*. Eher Geheimtipp als Szenelokal, werden ab 18 Uhr im wunderschönen Biergarten oder im heimeligen Gastraum unter Anker und Steuerrad nordische Fischgerichte serviert (aber auch Vegetarisches). www.elbblick.net

EXTRA-TIPP

Shoppen im *Frischeparadies* in der Großen Elbstraße. Versorgt die Spitzengastronomie und private Gourmets mit Delikatessen und Feinkost in bester Qualität und Vielfalt. www.frischeparadies.de/hamburg

In der *Haifischbar*, einer der ältesten Seemannskneipen Hamburgs, sitzt man zwischen ausgestopften Haien und Robben und lauscht Hans Albers aus der roten Jukebox. www.haifischbar.hamburg

Beim *Liberté Hamburg* auf dem Fähranleger *Fischmarkt* sitzt es sich im Sommer herrlich bei Tarte, Moules Frites, Kaffee oder Longdrink. https://liberte.hamburg

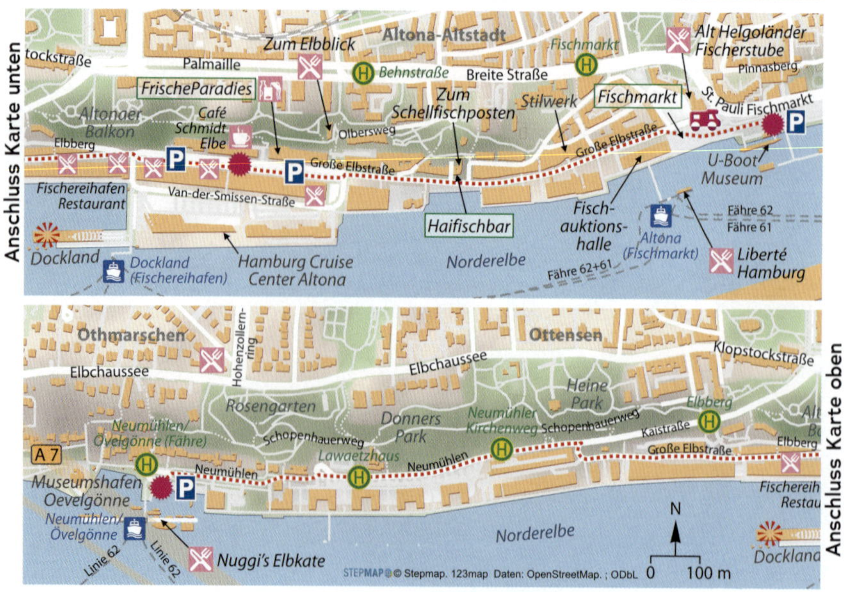

ÖVELGÖNNE MIT STRANDPERLE

Wer weiß schon, dass der Elbstrand Övelgönne, zusammen mit der Strandperle und dem Ahoi Strandkiosk, von der New York Times zu den zehn Lieblingsorten in Europa am Wasser gekürt wurde? Na dann!

Nirgendwo sonst am **Elbstrand** ist mehr los, als zwischen dem **Museumshafen Övelgönne** und Eiszeit-Findling **Alter Schwede**. Entlang der malerischen **Lotsen- und Kapitänshäuser** bahnen sich, auf rund 1.200 Metern, Jogger ihren Weg zwischen vielen heimischen Spaziergängern und Touristen aus aller Welt.

Unten am Wasser herrscht Müßiggang vom Feinsten, hier zeigt sich Hamburg von seiner entspanntesten Seite. Grillduft hängt in der Luft, Kinder dreschen auf ihren Federball ein, Boccia spielende Senioren werfen ihre Kugeln, Hundebesitzer dagegen Stöckchen für ihre Vierbeiner und dazwischen machen es sich Sonnenhungrige auf ihren Handtüchern bequem. Wegen der gestiegenen Wasserqualität ist auch ein **Bad in der Elbe** wieder möglich – unter Beachtung der Gezeiten und Strömungen.

Wer seinen Proviant zu Hause vergessen hat oder doch einfach nur zum Sehen und Gesehen werden einen der Stühle der **Strandperle** ergattert, freut sich über ein erfrischendes Getränk oder einen kleinen Snack. Schon seit vielen Jahrzehnten sitzt man hier gerne, bis die Sonne untergeht und bestaunt die Pötte, die den Hafen anlaufen. Nicht verpassen sollte man die überaus sympatische Toilettenfrau, die so wunderbar singt! Der unkomplizierte Szeneladen und der **Övelgönner Elbstrand** sind zwar kein Geheimtipp mehr, aber eben ein ziemlich heißer Tipp im Sommer.

BESTE ZEIT
Am reizvollsten ist natürlich der Sommer.

START & ANREISE
Neumühlen, 22763 Hamburg. Bis zum Straßenende, in der Buswendeschleife Einfahrt zum Parkplatz.

ÖPNV: Mit der Hafenfähre Linie 62 oder mit dem Bus 113 nach *Neumühlen/ Övelgönne (Fähre)*.

WAS NEHME ICH MIT?
Sonnenschutz und Badesachen.

EXTRA-TIPP
Der 217 Tonnen schwere *Findling Alter Schwede* hat schon 1,7 Millionen Jahre auf dem Buckel. Bei Baggerarbeiten wurde der aus der Eiszeit aus Skandinavien gekommene, gewaltige Stein, 1999 im Flussbett der Elbe gefunden und am Elbufer aufgestellt.

Övelgönne mit Strandperle (Neumühlen / Övelgönne)

RUND UM TEUFELSBRÜCK

Highlights an diesem ruhigeren Abschnitt sind der Elbstrand am Hindenburgpark und der Jenischpark oberhalb des Fähranlegers Teufelsbrück.

Zwischen Othmarschen und Nienstedten liegt der **Fähranleger Teufelsbrück**. Der **Jenischpark,** einer der schönsten historischen Landschaftsparks Nord-Europas mit drei Museen und dem **Naturschutzgebiet Flottbektal**, zieht sich hier den Geesthang hinauf. Der **Strandabschnitt** neben der Fährbrücke ist eine beliebte Stelle zum Relaxen und Bewundern romantischer Sonnenuntergänge. **Planespotter** freuen sich über die einfliegende Transportmaschine „Beluga", denn jenseits der Elbe liegt die Airbus-Werft.

Wer Richtung Blankenese läuft, kann sich bald an der *Kleinen Rast an der Elbe* bei Currywurst und Pommes stärken oder kehrt spätestens zwei Kilometer weiter im *MAATS*, der „Kaffeeklappe am Blankeneser Oberfeuer", ein, um von einem der Liegestühle den Blick auf den kleinen Hafen und die Elbe zu genießen. Schon von Weitem ist der rot-weiß gestreifte **Leuchtturm** am **Mühlenberger Yachthafen** zu sehen. Gleich oberhalb gelangt man in den **Hirschpark** – ein hübscher Landschaftsgarten mit Damwildgehege, Schau-& Bauerngarten, eindrucksvoller Lindenallee und – unbedingt besuchen – *Witthüs* Teestube.

Von Teufelsbrück in Gegenrichtung sind wir schnell am **Elbstrand am Hindenburgpark**, wo es eigentlich immer recht ruhig zugeht. An der nahen *Brücke 10 im Strandhaus*, einem 100 Jahre alten Gebäude, wurde 1925 die erste deutsche Wasserfluglinie zwischen Hamburg und Dresden eröffnet. Die Kombüse der Brücke ist für ihre knusprigen **Fischbrötchen** bekannt – das Team betreibt auch den *Fischbrötchencontainer* am Alten Elbtunnel.

HOLSTEN
HOLSTEN

BESTE ZEIT
Zu jeder Jahreszeit. Am schönsten ist es zwischen Frühling und Herbst.

START & ANREISE
Parkplatz an der Kreuzung Lünkenberg/ Baron-Voght-Straße, 22605 Hamburg

ÖPNV: Mit der Hafenfähre Linie 62 (z.B. ab *Landungsbrücken)* nach *Finkenwerder* und von dort mit der Hafenfähre Linie 64 nach *Teufelsbrück*. Oder mit dem Bus Linie X21 oder 111 bis *Teufelsbrück (Fähre).*

WAS NEHME ICH MIT?
Sonnenschutz und Badesachen.

GUTES ESSEN
Traditionelle und günstige Fischgerichte gibt es im urigen Schiffsrestaurant *Dübelsbrücker Kajüt*, mit nautischem Dekor, im Hafen Teufelsbrück. www.duebelsbruecker-kajuet.de

Wer es etwas nobler mag, kehrt im *Restaurant Engel* am Fähranleger Teufelsbrück ein. Leckeres Essen bei leicht schaukelndem Wellengang, direkt über der Elbe. www.restaurant-engel.de

EXTRA-TIPP
Der *Jenischpark* mit dem reizvollen Flottbektal, oberhalb des Fähranlegers gelegen, ist der heute älteste Englische Garten Hamburgs. Mit seinem zum Teil uralten Baumbestand, wie z.B. den eindrucksvollen Solitäreichen, ist er eine Oase der Ruhe. Im Park findet man gleich drei *Museen*: Das im klassizistischen Stil erbaute *Jenisch Haus* (www.shmh.de/jenisch-haus), das bemerkenswerte *Ernst Barlach Haus* von 1962 (www.barlach-haus.de) – ältestes privates Kunstmuseum Norddeutschlands sowie das kleine Privat-Museum *Bargheer Museum* mit wechselnden Kunstausstellungen (www.bargheer-museum.de).

HOLSTEN

AIRBUS
AIRBUS SKYLIN
3
MARE FRISIUM

STRANDWEG BLANKENESE & TREPPENVIERTEL

Ein Spaziergang durchs Treppenviertel, hinunter an den Strandweg, ist wie ein mediterraner Kurzurlaub. Nirgendwo ist man dem Wasser näher und macht es mehr Spaß als hier, „House Spotting" zu betreiben.

Ein wenig Kondition ist schon erforderlich, für unseren Ausflug durch die schmalen, verwinkelten Gassen des berühmten Treppenviertels im Hamburger Westen, zumal man auch noch die ganze Zeit auf und ab unterwegs ist. Es sollen immerhin rund **5.000 Treppenstufen** sein, die sich durchs kleine ehemalige Fischer- und Lotsendorf ziehen – Geburtsort von Karl Lagerfeld und Wohnort von Otto Walkes. Aber die Mühe wird belohnt! Unterwegs bietet sich uns ein weitläufiger **Blick über die Elbe** hinüber zum Airbus-Gelände in Finkenwerder.

In diesem südländisch anmutenden Kleinod, mit den malerischen Reetdach-Häusern und pompösen Villen, inmitten traumhafter Gärten, wird man hinter jeder Biegung überrascht. Wen unterwegs die Kräfte verlassen, steigt in die **„Bergziege",** ein Minibus, der einen auf den Berg- und Talfahrten durch die engen Straßen zur S-Bahn oder zum Strand bringt. Ganz anders ist uns zumute bei dem Gedanken, dass jeder Einkauf und jede Lieferung über die Treppen zum Haus geschafft werden muss.

Unten an der Elbe angekommen, flanieren wir entlang des **Elbstrands** zum 42 Meter hohen, rot-weiß gestreiften **Leuchtturm Blankenese**, einem beliebten Ausflugsziel. Der Tag geht zu Ende – was für ein herrlicher Kontrast zum Großstadttrubel der Stadt!

CMA CGM ALCAZAR
CMA CGM

BESTE ZEIT

Eigentlich das ganze Jahr. Am reizvollsten aber sind Frühjahr und Sommer.

START & ANREISE

Parkplatz Elbchaussee/ Ecke Mühlenberger Weg, 22587 Hamburg.

ÖPNV: S-Bahn (S1, S11) bis *Blankenese*. Mit dem Bus 488 bis *Blankenese (Fähre)* zum Strandweg.

DAUER

Ein schöner Nachmittagsausflug.

WAS NEHME ICH MIT?

Bequeme Schuhe, Regen-, Sonnenschutz.

GUTES ESSEN

Der *Kaffeegarten Schuldt* ist ein heimeliges Traditions-Café mit Terrasse zur Elbe, das eigene Kuchen und Torten sowie kleine Speisen anbietet. www.kaffeegarten-schuldt.de

Leckeres Essen mit Blick auf die Elbe gibt es beim *Ponton Op'n Bulln,* direkt auf dem Fähranleger. www.pontonopnbulln.de

EXTRA-TIPP

In der *Elbegut Treibholz Manufaktur* bekommt man einzigartige, nachhaltige Produkte, wie z. B. Küchenhelfer, Deko, Garderoben, Kerzenständer, alle aus Hamburger Treibholz gefertigt (Laden: Sa+So 11-16.30, Hans-Lange-Str. 7). www.elbegut.de

Vom Fähranleger Blankenese lohnt sich auch ein *Abstecher nach Cranz* auf der anderen Elbseite. Eine Fähre bringt uns mit unseren Fahrrädern rüber ins *Alte Land*, dem größten Obstanbaugebiet Mitteleuropas. www.hadag.de/de/linien/hbel

Achtung: Am Wochenende gelten auf der HBEL-Fähre KEINE HVV-Einzel-/Tageskarten!

BRATWURST
FISCHBRÖTCHEN & BACKFISCH
Fischbude
OP'N BULLN
FISCHclub

28

VOM ELBSTRAND BLANKENESE ZUM FALKENSTEINER UFER

Viel braucht es nicht, um einen entspannten Sommertag am Elbstrand zu verbringen: ein Badetuch, einen Sonnenschirm und der Geruch von Sonnencreme, der zu uns herüberweht.

Nicht weit vom Blankeneser Treppenviertel liegt wohl **einer der schönsten Elbstrände Hamburgs** und dort liegen auch zwei im Schlick versunkene **Schiffswracks**. Das eine ist das Binnenschiff *Uwe*, wohl das bekannteste Wrack an der Elbe, das im Winter 1975 im dichten Nebel mit einem Frachter kollidierte. Das andere ist der finnische Schoner *Polstjernan*, der vor rund 100 Jahren nach einem Brand hierher geschleppt wurde, wo seine hölzernen Spanten bei Niedrigwasser aus dem Wasser ragen. Beide Wracks dienen heute als Wellenbrecher. Wer sie bei Ebbe erkunden möchte, sollte dies aber mithilfe des Tidenkalenders pünktlich zum Tiefststand des Wassers tun.

Außer Müßiggang gibt es nicht viel zu tun, wenn man hier im warmen Sand liegt und den Blick über die Elbe schweifen lässt. Dann und wann zieht eines der riesigen Frachtschiffe vor unseren Augen vorüber. Besonders an sonnigen Tagen ist der Elbstrand eine wahre Oase der Entspannung. Wenn uns heiß wird, schlendern wir hinüber zum Ufersaum, begnügen uns aber damit, bis zur Hüfte durchs Wasser zu waten, denn am sogenannten Wrackstrand bildet sich immer mal eine gefährliche Strömung.

BESTE ZEIT
Am reizvollsten ist natürlich der Sommer.

START & ANREISE
Parkplätze sind knapp. Entweder im Parkhaus Süllberg, Süllbergsterrasse, 22587 Hamburg, oder am Fahrbahnrand am Falkentaler Weg, bzw. Falkensteiner Ufer / Strandweg.

ÖPNV: Bus 488 bis *Falkentaler Weg.*

DAUER
Ein schöner Nachmittagsausflug.

WAS NEHME ICH MIT?
Sonnenschutz, Badesachen und ausreichend zu trinken.

GUTES ESSEN
Die Füße im Sand, das Fischbrötchen auf dem Teller, so lassen wir den Sommerabend vor der *Kajüte S.B.12* ausklingen. www.kajuetesb12.de

EXTRA-TIPP
Eine der kleinen Perlen Hamburgs ist der *Römische Garten* oberhalb des Falkensteiner Ufers. Eine terrassenartig angelegte Grünanlage aus den 1880er-Jahren, mit mediterranem Jugendstil-Flair, die an lauen Sommerabenden auch mal zum Freilichttheater wird.

Das 1859 erbaute *Pumpwerk mit Maschinenhaus* gehört zum *Altonaer Wasserwerk auf dem Baursberg.* Die moderne Methode der Klärbecken verhinderte 1892, dass die Cholera-Epidemie von Hamburg auf Altona übergriff. Nach denkmalgerechter Sanierung sind die zu Lofts umgestalteten historischen Gebäude heute bewohnt (www.waterworks-falkenstein.de).

JEVER

VOM FALKENSTEINER UFER ZUM ELBSTRAND WITTENBERGEN

Am Rande der Stadt trifft die Elbe auf eines der bei vielen Hamburgern beliebtesten Ausflugsziele. Der malerische Elbstrand Wittenbergen ist eine idyllische Perle und sicher einer der schönsten Strandabschnitte entlang des Stroms.

Mit geschlossenen Augen liegen wir am Wasser und können uns gut vorstellen, irgendwo, weit weg, an Nord- oder Ostsee zu sein. Am **Wittenbergener Ufer** wird die Urlaubsstimmung besonders schnell geweckt. Ein mobiler Eiswagen steht auf dem schattigen Parkplatz, Familien schleppen ihre Picknick-Ausrüstung zum nahen Strand und Ehrenamtliche der *DLRG Wasserrettungsstation Wittenbergen* laden ihr Schlauchboot vom Hänger.

Der waldumsäumte Sandstrand, mit dem unter Denkmalschutz stehenden **Leuchtturm** im Hintergrund, ist der letzte **Naturstrand** Hamburgs und für seine hohe Sandqualität bekannt. Die Landungsbrücke, die recht weit ins Wasser ragt und von Fähren nicht mehr angelaufen wird, bietet einen schönen Blick auf die malerische Szenerie.

Der Strand ist übrigens Teil des 67 Hektar großen **Naturschutzgebiets Wittenbergen,** das sich aus dem höchsten Hamburger **Elbhang**, einer **Binnendüne**, einem **Eichenwald**, einer **Heidelandschaft** und den **Elbwiesen** zusammensetzt.

Wir schlendern flussauf den Strand entlang und gelangen zum sympathischen *ElbeCamp*, das ein Publikum aus Weltenbummlern sowie erholungssuchenden Hamburgern und Familien anzieht. Die Gäste des **Campingplatzes** freuen sich über die tolle Lage inmitten der Natur und die vielen Freizeitmöglichkeiten. Ob Sandburgen bauen, Drachen steigen lassen, bolzen am Strand oder Beach-Volleyball spielen: Hier kommt jeder auf seine Kosten.

BESTE ZEIT
Am reizvollsten ist der Sommer.

START & ANREISE
Parkplatz Falkensteiner Ufer (Höhe 105). Parkplatz beim ehemal. Fährhaus (Rissener Ufer 27).

ÖPNV: Bus 388 (auch liebevoll „Dorfkutsche" genannt) fährt zwischen *Falkensteiner Ufer (ElbeCamp)* und S-Bahn *Rissen.*

WAS NEHME ICH MIT?
Sonnenschutz, Badesachen, ausreichend zu trinken, evtl. Proviant.

GUTES ESSEN
Das *Café Lüküs* auf dem naturnahen Campingplatz *ElbeCamp* ist eine nette Mischung aus Café, Bar und Schnellrestaurant.
www.elbecamp.de

EXTRA-TIPP
Wenige Fußminuten das Elbufer hinauf, steht Hamburgs eindrucksvollstes Landhaus aus den Zwanzigerjahren, im Stil des Neuen Bauens errichtet. Es beherbergt das *Puppenmuseum Falkenstein* mit nostalgischer Miniaturwelt aus Spitzen, Samt und Seide, vom 18. Jahrhundert bis in die 1950er-Jahre.
www.elke-droescher.de

Im Buch *„Hamburgs verschwundene Orte"* erfährt man Spannendes. Zum Beispiel übers Freibad Wittenbergen, 1923 vor dem damaligen Kurhaus errichtet. Oder das Alte Gasthaus und das Fährhaus Wittenbergen, beide nach Sturmfluten so schwer beschädigt, dass sie abgerissen werden mussten.
www.bast-medien.de

Wittenbergener Heide
Rissen
1,7 km
Binnen-düne
NSG Wittenbergen
Rissen
Wittenbergener Weg
Falkensteiner Ufer
Grotiusweg
In de Bargen
Tafelberg
Blankenese
Puppenmuseum
Sven-Simon-Park
Falkenstein
Tafelberg 82
Elbhöhenweg
Rissener Ufer
Falkensteiner Ufer (ElbeCamp)
Café Lükü
Beim ehemal. Fährhaus
Otto-Schokoll-Höhenweg
Elbwiesen
Falkensteiner Ufer
Waldpark Falkenstein
DLRG
ElbeCamp
Leuchtturm
Elbstrand Wittenbergen
Falkensteiner Ufer
Lindenterrasse ehemal. Fährhaus Wittenbergen
Elbe
Falkensteiner Ufer
N
STEPMAP © Stepmap. 123map Daten: OpenStreetMap. ; ODbL
0
200

DLRG

ALTE SÜDERELBE

Der Süderelbpark am Rande von Finkenwerder, gegenüber von Airbus, ist ein kleines und unerwartetes Idyll, bietet es doch Zugang zur Alten Süderelbe, einem ehemaligen Seitenarm der Stromelbe.

Der herrlich abgeschiedene kleine **Süderelbpark**, der unmittelbar an die Naturschutzgebiete *Westerweiden* und *Finkenwerder Süderelbe* grenzt, ist ein schöner Ort, um sich die Natur anzuschauen, zu **picknicken** oder einfach nur seinen Gedanken nachzuhängen. Das gepflegte Areal ist durch die geschickte Bepflanzung in verschiedene Räume aufgeteilt.

Man sitzt auf einer der Bänke am Ufer, am Picknicktisch oder breitet seine Decke auf dem schönen Rasen aus. In südliche Richtung blicken wir über das buchtenreiche Gewässer hin zum Naturschutzgebiet *Mühlensand,* das während der Zugzeiten im **Frühjahr und Herbst Rastplatz für nordische Gänsearten** sowie Jagdgebiet für Seeadler und Wanderfalke ist. Auch finden dort Säbelschnäbler, diverse Entenarten und die Brandgans einen geeigneten Lebensraum. Sogar Hamburgs größtes Seefroschvorkommen befindet sich auf diesen Flächen.

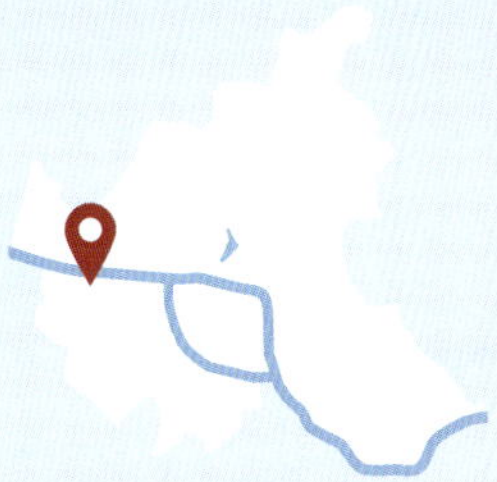

BESTE ZEIT

Zu jeder Jahreszeit. Zur Vogelbeobachtung kommt man im Frühjahr oder Herbst.

START & ANREISE

Süderelbpark. Parken auf dem unbefestigten „Süderelbe Parkplatz", Straße *Neßdeich*, 21129 Hamburg. NICHT 250 m schräg gegenüber auf dem „Parkplatz am Besucherhügel" an der Airbus-Aussichtsplattform.

ÖPNV: Mit Bus 150 (z.B. ab *Bahnhof Altona) bis* zur Haltestelle *Am Rosengarten.*

WAS NEHME ICH MIT?

Sonnen- und Regenschutz, ausreichend zu trinken, Proviant, Fernglas.

EXTRA-TIPP

Der *Naturschutzbund (NABU)* organisiert gelegentlich Exkursionen in das sonst schwer zugängliche *Naturschutzgebiet Mühlensand* an der Alten Süderelbe, wo er zwei Beobachtungshütten unterhält. www.hamburg.nabu.de

Am *„Langen Tag der Stadtnatur"* erhalten Interessierte ein Wochenende lang auf *geführten Paddeltouren* Einblick in Hamburgs zweitgrößten See, die *Alte Süderelbe,* und die Probleme, die aus der Nähe von Industrie und Hafen erwachsen. www.alte-suederelbe.de

Wem der Blick von der *Aussichtsplattform am Neßdeich* auf das Airbusgelände nicht genügt, bucht eine *Werksführung,* um den Flugzeugbau hautnah zu erleben. www.werksfuehrung.de

VON BUXTEHUDE ENTLANG DER ESTE

Unberührte Natur darf man entlang der Este nicht erwarten, denn immerhin geht's hier durch das größte geschlossene Obstanbaugebiet Mitteleuropas. Mehr Altes Land geht nicht !

Zu Beginn unserer Radtour steht ein **Rundgang durch Buxtehudes** überaus hübsche, **historische Altstadt** mit den vielen Fachwerkhäusern an. Der innerstädtische Hafen ist eine **grachtenartige Flethanlage** nach niederländischem Vorbild. Schon 1285 wurde Buxtehude (als erste deutsche Stadt) planmäßig um ein Hafenbecken herum gebaut und galt als modernste Hafengründung auf deutschem Boden. Somit prägt die Hansezeit auch heute das Stadtbild ganz besonders, weshalb der Stadt offiziell der Titel Hansestadt verliehen wurde.

Entlang des **Estedeichs** radeln wir Richtung Norden und genießen immer wieder den Blick auf die ruhig dahinfließende **Este**, auf der einst reger Gütertransport herrschte. Erzeugnisse der Mühlen und Ziegeleien sowie das Obst der Altländer Bauern mussten auf dem Wasserweg abtransportiert werden. Heute ist die tideabhängige Este nur noch für Freizeitkapitäne ein reizvolles Revier. Besonders reizvoll ist auch das gemütliche **Estebrügge** mit seiner denkmalgeschützten *Kirche St. Martini*. Hat man dann den Elbdeich in **Cranz** erreicht, könnte man mit der Fähre hinüber nach Hamburg fahren. Ein Abstecher nach **Jork**, mit seinen wunderschönen alten Fachwerkhöfen und deren prachtvollen Portalen, den sogenannten *Altländer Prunkpforten*, muss aber noch sein.

BESTE ZEIT
Zu jeder Jahreszeit. Am schönsten zur Apfel- und Kirschblüte.

START & ANREISE
Parken auf dem Parkplatz Am Hafen, 21614 Buxtehude.

ÖPNV: S-Bahn S3 zum Bahnhof *Buxtehude.*

Oder mit der Fähre Linie HBEL *Blankenese* ⟷ *Cranz* (https://hadag.de/de/linien/hbel). Achtung: am Wochenende gelten hier KEINE HVV-Einzel- / Tageskarten!

WOMIT BIN ICH UNTERWEGS?
Zu Fuß und mit dem Fahrrad.

LÄNGE & DAUER
Rund 30 Kilometer. Eine schöne Tagestour.

WAS NEHME ICH MIT?
Bequemes Schuhwerk, Sonnen-, Regenschutz, ausreichend zu trinken, evtl. Proviant.

GUTES ESSEN
Sympathisch: Nur Sonntagnachmittag gibt es in Estebrügge an der Drehbrücke im Café *Die Brückenbäckerei e.V.* leckere, selbstgebackene Kuchen und Torten. Das Motto lautet: „Wir spendieren Kaffee und Kuchen, ihr spendet für unseren Verein". www.diebrueckenbaeckerei.de

Nicht verpassen: Das tolle Frühstück im *Café PomPom* (Di-Sa) am Westfleth, mit Blick auf das Buxtehuder innerstädtische Fleet. www.cafepompom.de

EXTRA-TIPP
Eines der größten Ereignisse im Alten Land mit Musik, Unterhaltung und Kunsthandwerk ist das jährlich am ersten vollen Maiwochenende in Jork stattfindende *Altländer Blütenfest.* Die Region kürt ihre neue Blütenkönigin! www.jork.de >Freizeit >Altländer Blütenfest

Einen *Wegweiser* zu den schönsten *„Prunkpforten"* im Alten Land findet man unter www.altes-land.de >Das Alte Land >Prunkpforten

Neßsand
Blankenese
Elbe
Hahnöfer Nebenelbe
NSG Mühlenberger Loch/ Neßsand
Borsteler Binnenelbe
Borstel
Museum Altes Land
Jork
Prunkpforten
Sperrwerk Neuenfelde
Finkenwerder
Cranz
Fähre HBEL
Leeswig
Estemündung
Königreich
Altländer Blütenfest
Este
Prunkpforte
Im Apfelgarten
L 140
Hove
Obsthof Quast
Altes
Land
Ladekop
Neuenfelde
Estebrügge
St. Martini
Prunkpforten
Die Brückenbäckerei
Hamburg
Niedersachsen
Obsthof Heitmann
A 26
Rübke
Weidbek
B 3n
Historische Altstadt
Am Hafen
NSG Moore bei Buxtehude
Neugraben-Fischbek
Café PomPom
Buxtehude
Neu Wulmstorf
B 73
N
0
1 km
STEPMAP © Stepmap, 123map Daten: OpenStreetMap, ODbL

solida.

ENTLANG DER LÜHE

Unterwegs auf dem Lühe-Deich kommt man an hübschen alten Höfen vorbei. Beim Blick auf den ruhig mäandernden Fluss und die Obstplantagen rundherum können wir so richtig entspannen.

Egal ob man von **Grünendeich** nur ein Stück die **Lühe** entlang läuft (rote Route auf der Karte) oder sich aber für eine **Radtour bis nach Horneburg** (orange Route) – auf der einen Seite des Flusses hin, auf der anderen zurück – entscheidet, immer eröffnet der **Deichwanderweg** weite Blicke ins **Alte Land**, das über und über von Obstbäumen bestanden ist. Die davor aufgereihten kleinen, mit Reet gedeckten Häuser und deren schnuckeligen Gärten lassen einen ins Schwärmen geraten. Jeder, der hierherkommt, sollte dies zur **Apfel- oder Kirschblüte** tun! Bereits im 12. und 13. Jahrhundert wurde der Grundstein für diese Kulturlandschaft gelegt. Vor allem niederländische Siedler begannen sie damals zu prägen. Die Dörfer beiderseits der Lühe sind typische, historische **Deichhufendörfer**, die den Schwingungen des Flusslaufs folgen. Die großen Altländer Höfe stehen mit ihren Schmuckgiebeln hin zum Deich.

Inmitten von Obstbäumen führt uns der Weg in den malerischen kleinen Ort **Steinkirchen**. Die Arp-Schnitger-Orgel aus dem Jahre 1687 in der barocken *Saalkirche St. Martin und Nikolaus* zählt zu seinen besterhaltenen Orgeln.

Insbesondere entlang der Lühe finden sich auch die sogenannten **Prunkpforten** – mit farbenprächtigen Schnitzereien verziert. Wohlhabende Altländer Bauern ließen diese an den Zufahrten zu ihren Höfen seit Ende des 17. Jahrhunderts errichten.

BESTE ZEIT

Zu jeder Jahreszeit. Vorzugsweise zur Apfel- und Kirschblüte.

START & ANREISE

Parken auf dem Parkplatz Fährstraße, 21720 Grünendeich.

ÖPNV: Fähre von *Schulau/Wedel* nach *Grünendeich/Lühe-Anleger* (www.luehe-schulau-faehre.de). Achtung: HVV und DB Fahrkarten haben auf der Fähre keine Gültigkeit!

Zurück evtl. vom Bahnhof *Horneburg* mit dem RE5 oder der S3.

WOMIT BIN ICH UNTERWEGS?

Mit dem Fahrrad oder zu Fuß.

LÄNGE & DAUER

Rund 20 Kilometer. Mit dem Rad eine schöne Halbtagestour.

WAS NEHME ICH MIT?

Sonnen- und Regenschutz, ausreichend zu trinken.

GUTES ESSEN

Am malerischen Deichwanderweg, nur fünf Minuten vom Lühe-Anleger entfernt, liegt *Stubbe's Gasthaus* (auch 3 Ü-Zimmer) mit seinem ruhigen Kaffeegarten unter Kirschbäumen und der maritim rustikalen, über 100-jährigen Gaststube. www.stubbes-gasthaus.de

EXTRA-TIPP

Ein Foto an der *Hogendiekbrücke* muss sein! Die 42 Meter lange und 1,5 Meter breite, feststehende Holzbrücke (Fußgängerbrücke), die Mittelnkirchen und Steinkirchen verbindet, wurde nach Vorbild alter holländischer, auch im Alten Land ortstypischer Zugbrücken gebaut.

Wegweiser zu den schönsten *Prunkpforten* im Alten Land: www.altes-land.de >Das Alte Land >Prunkpforten

Pension
HESSBÖGEL
1

LÜHESAND

Gibt es das noch – ein Paradies für Ruhesuchende, Aussteiger auf Zeit, ungegängelte Camper?
Ja, auf der Elbinsel Lühesand. Nur einmal leben wie Robinson Crusoe und das vor den Toren Hamburgs!

Das auto- und fahrradfreie **Inselidyll liegt mitten in der Elbe.** Es gibt keine Straße, nur Sandwege. Wenn man einmal die fünf Minuten dauernde **Fährüberfahrt** absolviert hat, beginnt die Entschleunigung. Wer nur für einen kleinen Ausflug hierherkommt, läuft einfach immer der Nase nach. Verlaufen kann man sich auf der rund drei Kilometer langen und 550 Meter breiten Insel eh nicht. Irgendwann steht man immer am Wasser und freut sich über Tuchfühlung mit den dicken Pötten. Kleine Bänke laden zum Verweilen ein und wenn man genug gestaunt hat, genießt man die üppige Vegetation, die wilden Rosen, das Rauschen des Windes und das Vogelgezwitscher in dem im südöstlichen Teil der Insel ausgewiesenen **Naturschutzgebiet**. Die ganze Insel wirkt teilweise verwildert, fast verwunschen und ein bisschen beneidet man die Besitzer der wenigen festen Wochenendhäuser, die über Generationen in der Familie weitergeben werden.

Wer mit **Camping**ausrüstung anreist, schnappt sich am Anleger eine der Schubkarren und läuft zu einer großen Rasenfläche. Wie das Areal für Wohnmobile und Wohnwagen, ist auch diese Fläche nicht parzelliert und bietet genügend Platz – richtig eng wird es dort selten. Stromanschlüsse sucht man hier vergebens, dafür sitzt man abends gemütlich am Lagerfeuer zusammen. Genau das ist es, was die Camper auf Lühesand lieben. Bevor man sich vom Tuckern der Dieselmotoren vorbeifahrender Frachter in den Schlaf wiegen lässt, genießt man auf der Terrasse der

Insel-Gaststätte unter der großen Esche einen Schlummertrunk. Lühesand, das ist Kurzurlaub oder auch Mikroabenteuer und wer will schon weit weg, wenn es so etwas vor der Haustür gibt?

BESTE ZEIT

Zu jeder Jahreszeit. Vorzugsweise im Sommer. Der Campingplatz ist wegen Sturmflutgefahr nur Apr-Okt geöffnet.

START & ANREISE

Parken auf dem Parkplatz Sandhörn 7C, 21723 Hollern-Twielenfleth und mit der Personenfähre (keine Fahrräder!) alle ein bis zwei Stunden auf die Insel. www.elbinsel-luehesand.de/fährzeiten-und-preise

ÖPNV: Mit der Fähre von *Schulau/Wedel* nach *Grünendeich/Lühe* (www.luehe-schulau-faehre.de) oder mit der S-Bahn S3 bis *Stade*. Von beiden Ankunftsstellen jeweils weiter mit Bus 2050 (fährt alle 2 Std.) bis *Sietwende bei Steinkirchen, Sandhörn*. www.hvv.de oder www.kvg-bus.de

WOMIT BIN ICH UNTERWEGS?

Zu Fuß.

DAUER

Einen halben Tag oder einen ganzen Sommer.

WAS NEHME ICH MIT?

Sonnen-, Wind- und Regenschutz. Oder doch gleich eine komplette Campingausrüstung?

GUTES ESSEN

Das einfache, aber urige *Gasthaus Lühesand* mit der überaus freundlichen Bedienung und der rustikalen Küche wird 2023 mit neuem Pächter betrieben. Das beliebte Bauernfrühstück und die Schnitzel wird es bei der jungen Betreiberfamilie Blohm auf jeden Fall weiterhin geben.

EXTRA-TIPP

Wer sich für Superlative interessiert: Auf der Insel stehen zwei Strommasten – die *höchsten Freileitungsmasten Europas*.

ÜBRIGENS

Baden ist auf der Insel wegen heftiger Strömungen eigentlich nicht möglich. Mit der gehörigen Vorsicht kann man zum Abkühlen ins Wasser gehen, aber nur an der Land zugewandten Seite, wenn bei Ebbe für kurze Zeit im Südwesten der Insel eine Sandbank auftaucht.

BASSENFLETHER ELBSTRAND

Der Blick in die Ferne, an einem der schönsten Strandabschnitte südlich der Elbe, weckt Sehnsüchte. Hier fühlt man sich wie im Urlaub – nur eben vor der Haustür.

Eindrucksvolle Hochseeschiffe aus Übersee, mit bis zu 14 Metern Tiefgang, ziehen auf dem hier zwei Kilometer breiten Strom vorbei. Eigentlich gibt es an der Elbe keine Badestellen, die nach EG-Badegewässerrichtlinie ausgewiesen sind. **Schwimmen** ist aber trotzdem nicht verboten und erfolgt **auf eigene Gefahr.** Auf der nördlichen Strandseite, Richtung des schon lange stillgelegten Kernkraftwerks Stade, befindet sich im Bereich der Spundwand eine FKK-Zone.

Barfuß laufen die Strandgänger am eineinhalb Kilometer langen feinen **Strand** entlang, an dem meist seichte Wellen anrollen und an dem sich auch Kinder wohlfühlen. Aufpassen muss man nur auf größere Wellen, ausgelöst durch **vorbeifahrende Pötte,** denn die Wellen kommen zeitverzögert an. Hundebesitzer, braungebrannte Schwimmer, fußballspielende Jugendliche und im Sand buddelnde Kinder: Sie alle tummeln sich bei sommerlichen Temperaturen am breiten Elbstrand und je heißer der Sommer ist, wird mancher Abend oder gar die ganze Nacht dort verbracht und auch mal gefeiert.

BESTE ZEIT

Zur Badesaison. An den Wochenenden oft voll.

ANREISE

Bassenflether Elbstrand, Twielenfleth 4, 21723 Hollern-Twielenfleth. Parkplatz, WC, www.hollern-twielenfleth.net

ÖPNV: S-Bahn S3 nach *Stade*, dann 6 km mit dem Rad oder mit dem AST (Anruf-Sammel-Taxi) bis *Bassenfleth* od. *Twielenfleth*. www.hvv.de oder www.kvg-bus.de

WAS NEHME ICH MIT?

Badesachen, Sonnenschutz, ausreichend zu trinken, evtl. Proviant.

GUTES ESSEN

Kult ist *Die Kaffeeklappe* auf dem Fähranleger am Leuchtturm Twielenfleth, etwa 1,5 km entfernt. Täglich hausgemachter Kuchen, solange der Vorrat reicht. www.die-kaffeeklappe.de

EXTRA-TIPP

Tolle Brotmischungen, Mehle, Körner in bester Qualität bekommt man in der *Windmühle Hollern-Twielenfleth* und ganz nebenbei eine interessante Mühlen-Führung vom sehr netten Müller. www.windmuehle-hollern-twielenfleth.de

HANSESTADT STADE

Wasser ist in Stade allgegenwärtig, denn der historische Altstadtkern wird von den Wallanlagen und dem Burggraben umsäumt. Auf geht's – Stade ist eine der reizvollsten Städte des Nordens!

Ziel und Ankerpunkt eines Spaziergangs durch die überaus idyllische **Altstadt** ist sicherlich der **Fischmarkt**, gerne auch als „Stades Wohnzimmer" bezeichnet. Hier sitzt man unweit der Kaimauer, wo am historischen Tretkran früher Hanseschiffe entladen wurden, in einem der Cafés und genießt das maritime Flair. Bei einem Bummel entlang der malerischen Fachwerkkulisse kommen wir aus dem Staunen nicht heraus. Wir entdecken neben den **Altstadtkirchen** das historische **Rathaus**, den **„Schiefen Turm von Stade"** und erfahren alles Wissenswerte über den **Schwedenspeicher** und das **Zeughaus**. Schön ist auch ein Abstecher in den malerischen **Rosengarten** beim mittelalterlichen **Johanniskloster**, Stades einziges erhaltenes Klostergebäude.

Die beiden Häfen – der historische *Hansehafen* und der moderne *Stadthafen* – sind der Auftakt zu einer **Entdeckungstour auf dem Wasser.** Am **Holzhafen** in City-Nähe kann man ein SUP-Board, Kanu oder Tretboot mieten, für eine Tour entlang des **Burggrabens** und der ehemals zur schwedischen Festungsanlage gehörenden **Museumsinsel**, um ein Stück in den Oberlauf der **Schwinge**, inmitten der bezaubernden Schwingewiesen, hineinzupaddeln.

BESTE ZEIT

Zu jeder Jahreszeit. Auf dem Wasser um die Stader Altstadt von Frühjahr bis Herbst.

START & ANREISE

Parken auf dem Parkplatz Beim Salztor 5 oder beim Stadeum, Schiffertorsstraße 21, 21682 Stade.

ÖPNV: S-Bahn S3 von Hamburg nach *Stade*. Oder 3x täglich mit dem Hybrid-Katamaran LIINSAND zwischen *Altona* und *Stadersand*. www.elblinien.com

WOMIT BIN ICH UNTERWEGS?

Zu Fuß und/oder mit SUP, Kanu, Tretboot.

DAUER

Eine 2-3-stündige Rundtour auf dem Wasser oder ein beliebig langer Spaziergang zwischen Altstadt, dem Flüsschen Schwinge und dem Burggraben.

WAS NEHME ICH MIT?

Sonnen- und Regenschutz, ggf. Wechselkleidung (wasserdicht verpackt), ausreichend zu trinken.

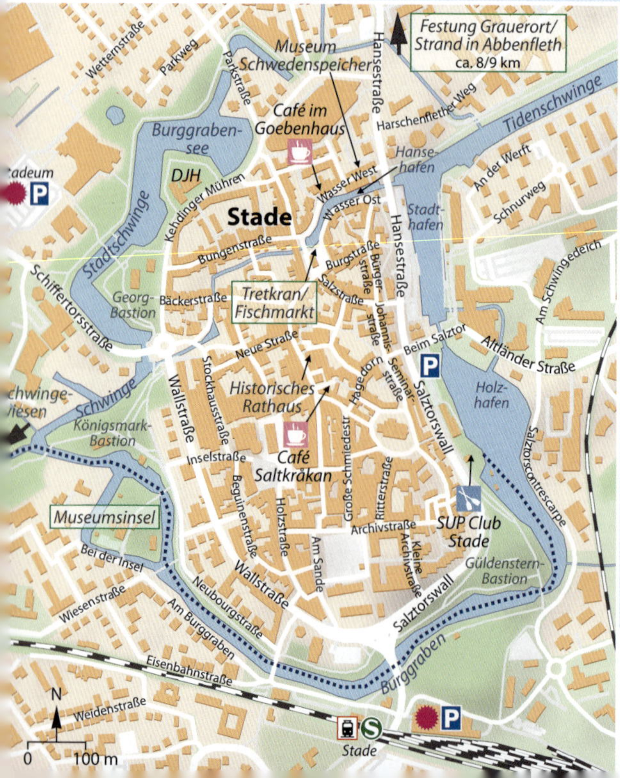

GUTE EINKEHR

Am besten beobachtet man das Treiben auf dem Fischmarkt vom *Café im Goebenhaus*, bei einem kräftigen Frühstück oder einem Stück frisch gebackener Stader Torte. Die besteht aus einem Kartoffelboden mit Apfelweinkompott, Calvados, Amaretto, Eierlikör und Sahne auf Nussblattboden mit Marzipandecke. Lecker! www.goebencafe.de

Köstliche schwedische Zimtschnecken gibts im Café *Saltkråkan*. www.cafe-saltkrokan.de

EXTRA-TIPP

Ein SUP, Kanu oder Tretboot mietet man beim *SUP Club Stade*. www.supclubstade.de

Spielt das Wetter mal nicht mit, besucht man einfach eines der beachtenswerten *Museen*. www.museen-stade.de

Ein Ausflugsziel in der Nähe ist der abgelegene *Strand in Abbenfleth*, unweit der *Festung Grauerort*. Das Fort wurde in den Jahren 1869 bis 1879 von den Preußen errichtet – zum Schutz vor feindlichen Schiffen auf der Elbe. www.grauerort.com

KRAUTSAND

Karibikfeeling an der Elbe –
diese Elbinsel ist wie Urlaub ganz weit weg.

Sind wir schon auf der Insel? Ja, klar! Nicht bemerkt, dass wir den winzigen Elbarm überfahren haben, der die **Halbinsel** vom Festland trennt?

Ist man dann erstmal angekommen, lockt der **vier Kilometer** lange, saubere **Strand**, mit feinstem, weißen Sand. Wer hier einen Sommertag verlebt, im **Strandkorb** dösend dem sanften Rauschen des Wassers lauscht und den dicken Pötten hinterherschaut, ist schnell tiefenentspannt. Hinter dem Strand bieten Bäume und Strauchwerk Schutz vor Wind und Sonne und das flache Wasser ist sogar für Kinder geeignet.

Wer aktiv sein will, erkundet die Halbinsel auf 20 Kilometer langen Wegen **per Rad,** vorbei an Gehöften, Obsthöfen, Pferden, Kühen und rastenden Gänsen. Auf langen **Elbdeich-Spaziergängen** lässt man sich so richtig durchpusten und freut sich im Anschluss auf die Strandbar oder das kuschelige Ferienhaus.

Sowieso gibt es hier **tolle Übernachtungsmöglichkeiten:** sei es im urigen **Backhaus** der *Künstler-Familie Kötz,* der ältesten Hofstelle Krautsands, oder den **Baumhäusern** auf Stelzen auf dem *Elbinselhof Krautsand.*

Krautsand (Drochtersen, Kehdinger Land)

BESTE ZEIT

Am schönsten sind die Sommermonate. An den Wochenenden ist es voll.

ANREISE

Krautsand-Strand: Parkplatz Pastorenweide, 21706 Drochtersen.

ÖPNV: Kompliziert. Mit der S-Bahn nach *Stade*, dort mit dem Bus nach *Drochtersen* weiter mit dem AST (Anruf-Sammel-Taxi, Info www.hvv.de oder www.kvg-bus.de). Oder in der Saison an Wochenenden und Feiertagen mit dem Elbe-Radwanderbus von *Stade* nach *Drochtersen* oder *Wischhafen*.

DAUER

Ein schöner Tagesausflug oder gleich ein ganzes Wochenende. Übernachtungen in den Sommermonaten mit mindestens 2 Nächten planen.

WAS NEHME ICH MIT?

Badesachen, Sonnen-, Wind, Regenschutz, Fernglas.

EXTRA-TIPP

Auf einem kleinen Hügel, inmitten eines alten Apfelhofs, lebt der *Bildhauer Jonas Kötz* mit seiner Familie. Hier schnitzt er Büsten aus regionalem Obstholz, Figuren aus Birne und Eiche sowie große Skulpturen aus dem Holz alter Dalben aus dem Hamburger Hafen. Überall im Alten Land trifft man auf seine *hölzernen Knollennasen-Figuren*. www.jonas-koetz.de

Die Familie Koetz vermietet auch ein wunderschönes und liebevoll eingerichtetes *Fachwerkhaus an Feriengäste*. Die Außenwände des alten *Backhauses* wurden alle durch Glas ersetzt. Ob man aus dem Bett auf die Elbe guckt oder aus der Küche über die Pferdeweiden – es ist überall schön! www.ferien-bei-den-koetzens.de

Urlaub im *Stelzenhaus* inmitten von Weiden und mit Blick auf die Elbe, die Sterne, das Kaminfeuer und den Nachbarn, der montags losgeht, um am Sonntag zum Kaffeetrinken vorbeizukommen. Für gemütliche Abende gibt es einen kleinen Holzofen. www.elbinselhof-krautsand.de

StrandZeit
BISTRO & BAR

VON GLÜCKSTADT ENTLANG DER STÖR NACH KELLINGHUSEN

Beeindruckende Reetdachkaten und schmucke Bauernhäuser stehen in einer wundervollen, weiten Landschaft, durch die sich malerisch die Stör schlängelt.

Natürlich könnten wir eine **Tages-Radtour** entlang der Stör auch so gestalten, dass wir über das alte Fischerdorf *Borsfleth* und die historische Klappbrücke in *Heiligenstedten* nach *Wilster* und wieder zurück radeln. Aber wir sind länger unterwegs und schauen uns erstmal ausgiebig das 1617 gegründete **Glückstadt** vor den Toren Hamburgs an – sein malerisches Ambiente, die kleinen verträumten Gassen und seine Lage an der **Elbe** versprühen einen ganz besonderen Charme.

Dann fahren wir von Glückstadt über die Stör und links des Tidenflusses über das hübsche **Wewelsfleth** mit seiner Silhouette aus Werftkränen, Schiffsneubauten und historischen Häusern, nach **Beidenfleth**, dem ältesten Ort an der Stör, wo die *Störfähre „Else"* den Fluss quert. Die Tour führt uns nun durch die **Wilstermarsch,** Teil der historischen Kulturlandschaft **Steinburger Elbmarschen,** entlang des Stördeichs, vorbei an schnuckeligen Katen und mächtigen Reetdachhäusern, bis nach **Itzehoe**.

Die letzten 18 Kilometer radeln wir durchs weite **Mönchswiesental**, einem zum Kloster der Augustiner-Chorherren gehörenden Wiesenland, in dem die Mönche noch Teiche zum Fischfang anlegten. Im 16. Jahrhunderts zerstörte allerdings eine schwere Sturmflut das Kloster.

Die Krönung der Tour sind der Besuch der erstaunlich hügelig gelegenen Kleinstadt **Kellinghusen** und ein abendliches Bad im überaus reizvollen **Rensinger See.** Die europaweit bekannte Keramikstadt verbindet man mit dem jährlich am zweiten Augustwochenende, in der pittoresken Innenstadt abgehaltenen Töpfermarkt.

BESTE ZEIT

Zu jeder Jahreszeit, ideal ist der Sommer.

START & ANREISE

Parkplatz am Sperrwerk, 25348 Glückstadt.

ÖPNV: Mit RB61 von *Hamburg Hbf* in 0:50 h nach *Glückstadt.* (HVV-Tarif, Fahrradmitnahme NICHT kostenlos).

Zurück von *Itzehoe* mit RB61 nach *Glückstadt* oder *HH Hbf* oder von *Bf Wrist* mit RE70 nach *HH Hbf* bzw. mit Umstieg nach *Glückstadt.*

WOMIT BIN ICH UNTERWEGS?

Mit dem Fahrrad.

DAUER

Einen ganzen Tag sollte man für diese über 70 Kilometer lange Radtour mindestens einplanen. Mit Besichtigungen und entspannter Badepause am Rensinger See, besser ein ganzes Wochenende.

WAS NEHME ICH MIT?

Sonnen- & Regenschutz, Badesachen, Fahrrad-reparatur-Set, ausreichend zu trinken und Proviant.

GUTES ESSEN

Knackfrische Fischbrötchen, nordische Bowls, Holsteiner Tapas und knusprige Bratkartoffeln gibt's in der maritimen Kneipe *Fährhuus Wewelsfleth.* www.facebook.com/Faehrhuus

EXTRA-TIPP

Für eine *Paddeltour auf der Stör* (Kellinghusen – Glückstadt) sind die Gezeiten (Tidenhub) unbedingt zu berücksichtigen (die Fließrichtung wechselt) Info: www.itzehoer-wasser-wanderer.de/tidenkalender.html

Anfängertauglich und sehr schön ist eine 4-stündige *Kanutour auf der Bekau,* von Eversdorf zum Kanurastplatz Bekmünde oder eine 6-stündige *Tour auf der Wilster Au,* zwischen Nord-Ostsee-Kanal und Kasenort an der Stör-Mündung. Unterwegs passiert man die romantische Marschenstadt Wilster – das „Klein Venedig" Schleswig-Holsteins. www.kanu-base.de

BN27

HETLINGER SCHANZE

Gaaanz weit draußen und doch ganz nah. Eine Auszeit in Schleswig-Holsteins größtem Naturschutzgebiet ist wie ein kleiner Urlaub und der Hetlinger Strand für uns der schönste Strand bei Hamburg.

Die Hetlinger Schanze, im 17. Jahrhundert als Bollwerk gegen die Schweden angelegt, ist heute eine einzigartige **Naturlandschaft** und weithin sichtbarer Standort der **höchsten Strommasten Europas.**

Ein toller Anblick sind die vielen, entwurzelten Bäume, die wie Treibholz am Strand liegen. Richtiges Dschungel-Feeling kommt hier an einigen Stellen auf. Wir schlendern durch **weichen Sand** entlang kleiner **Dünen** und suchen uns ein **Plätzchen im Schatten** knorriger, kleiner Weiden. Was bleibt zu tun? Faul im Sand in der Sonne liegen, den Vögeln und den vorbeiziehenden Schiffen hinterherschauen, gelegentlich im Wasser der Elbe Abkühlung suchen – aber immer mit Respekt vor der Strömung und nur am Uferrand. Wenn der Magen knurrt, genehmigen wir uns ein Stück Kuchen im nahen *Café Hetlinger Schanze*.

Wer genug vom Faulenzen hat, **radelt** durchs **Naturschutzgebiet „Haseldorfer Binnenelbe mit Elbvorland"** zum **Haseldorfer Hafen** und freut sich über die knuffigen Deichschafe und die eindrucksvolle Landschaft voller Süßwasserpriele und seltener Pflanzen. Die **Haseldorfer Binnenelbe** ist Rastplatz für Zugvögel und Brutgebiet für Schnepfen, Kiebitze und Blaukehlchen. Sogar Wanderfalken, Seeadler und Zwergschwäne sind häufig zu sehen. In entgegengesetzte Richtung geht es zur S-Bahnstation **Wedel**, vorbei an der **NABU Vogelstation „Wedeler Marsch"** (Mi+Do,Sa+So 10-16) und dem idyllischen *Gasthof Fährmannssand*.

MAERSK
MAERSK

BESTE ZEIT

Am reizvollsten ist der Sommer.

START & ANREISE

Parkplatz Hetlinger Schanze oder Parkplatz Am Heuhafen, 25491 Hetlingen.

ÖPNV: Von *S-Bahn Wedel* Bus 589 bis Haltestelle *Hetlingen, Schulstraße.* Dann noch 2,5 Kilometer Fußweg zum Strand. Oder 8 km mit dem Rad von der S-Bahnstation *Wedel.*

MIT WAS BIN ICH UNTERWEGS?

Mit dem Fahrrad ist man am flexibelsten. Das kann auch in der S-Bahn mitgenommen werden.

DAUER

Einen ganzen Tag sollte man an diesem herrlichen Fleckchen einplanen!

WAS NEHME ICH MIT?

Sonnen-, Regenschutz, Badesachen, ausreichend zu trinken und evtl. Proviant.

GUTES ESSEN

Egal ob Fish & Chips, Schnitzel oder vegane Bowl – richtig lecker isst man im Restaurant *Elbstil* in Hetlingen. www.elbstil-hetlingen.de

EXTRA-TIPP

Die Hetlinger Schanze ist Standort der *höchsten Strommasten Europas.* Um die erforderliche Durchfahrtshöhe von 75 Metern für die auf der Elbe verkehrenden Schiffe zu gewährleisten, sind die Masten 189 bzw. 227 Meter hoch.

Die *NABU Vogelstation Wedeler Marsch* bietet Mi-So, 10-16 Uhr, hervorragende *Beobachtungsmöglichkeiten* auf die heimische Vogelwelt.

Unweit davon gibt es im gemütlichen Gasthof *Fährmannssand* deftige Hausmannskost und Kuchen mit Blick auf den Elbdeich. www.faehrmannssand.de

Das *Elbmarschenhaus* informiert in einer multimedialen Ausstellung über den Natur- und Kulturraum der Elbmarschen. www.elbmarschenhaus.de

Spaziergang im *Obstgarten Haseldorf*, eine der größten öffentlich zugänglichen Obstsortensammlungen in Deutschland. Zu Fuß vom Hafen Haseldorf aus zu erreichen. www.haseldorfer-marsch.de >Haseldorf >Obstgarten alter Sorten

STRANDBAD WEDEL

Träumen vom Urlaub in der Südsee? Sonnenbaden am Sandstrand? Schattenpausen unter Palmen?
Klar doch – in Wedel! Warum also in die Ferne schweifen . . .?

Zwischen **Schulauer Hafen** und **Tonnenhafen** tummeln sich, an einem heißen Sommertag, Hunderte von Menschen am Ufer. Kinder buddeln nach Herzenslust im Sand und bauen Burgen. Wem es zu heiß wird, bleibt zum Spielen im großzügig gestalteten, schattigen Erlebnisbereich direkt hinterm Strand. Hier gibt es mehrere Spielgeräte, die es nicht überall gibt, einen **Wasserspielplatz** sowie ein **Volleyball-, Basketball-** und **Fußballfeld**.

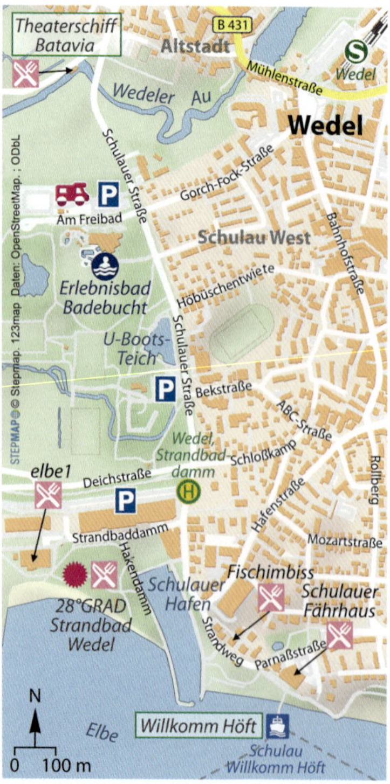

Wir entspannen in einem der zahlreichen Liegestühle der **Strandbar** am Wasser, sehen den heranschwappenden Wellen zu, den vorbeifahrenden Schiffen hinterher und genießen dabei einen kühlen Cocktail, während auf dem Grill hinter uns Würstchen und Fleisch brutzeln. Mit seinem einzigartigen Ausblick auf die Elbe und dem karibischen Flair, lädt der *28GRAD-Beachclub* auf 2.000 qm Fläche zu einer chilligen Auszeit ein. Irgendwann ist dann auch mal eine Abkühlung nötig – aber Vorsicht, auch wenn viele Menschen hier baden, sollte man wegen der starken Gezeiten-Strömung und der passierenden Berufsschifffahrt nur knietief ins Wasser gehen.

BESTE ZEIT

Frühjahr und Sommer.

START & ANREISE

28°GRAD Strandbad Wedel, Hakendamm 2, 22880 Wedel.
Parken in der Straße Strandbaddamm.
www.28grad.com

ÖPNV: S1 nach *Wedel*, dann Bus 594 bis *Wedel, Strandbaddamm.*

GUTES ESSEN

elbe1 – Kreative Gerichte zwischen mediterraner und deutscher Küche.
www.elbe1.com

EXTRA-TIPP

Jenseits des Schulauer Hafens werden im *Willkomm Höft* seit 1952 voll „salutfähige" Schiffe – also mit mehr als 1.000 GT (Gross Tonnage) auf Überseefahrt – mit ihrer Nationalhymne begrüßt und verabschiedet.
Dabei werden den Besuchern über Lautsprecher vielfältige Informationen über das Schiff vermittelt. Über 150 Nationalhymnen wurden eingespielt und der Begrüßungstext in der jeweiligen Landessprache aufgenommen.

Besonders originell und fast schon Kult ist das im Auehafen von Wedel ankernde *Theaterschiff Batavia.* In dem ehemaligen Flusskanonenboot wird nicht nur Theater gespielt, sondern es gibt auch Live-Musik, Kleinkunst und im Sommer Freiluftkino. Die Schiffsgaststätte bietet viele Spezialbiere und leckere Hausmannskost – möglichst regional und bio.
www.batavia-wedel.de

BADESEE APPEN-ETZ

Wir genießen den sonnigen Sommertag an diesem sehr sauberen See. Von der Wasserqualität her wird der See vom Umweltamt des Kreises mit „sehr gut" eingestuft.

Der **Baggersee** mit seinem angenehm sandigen Untergrund ist ein beliebtes Ausflugsziel und bietet an heißen Sommertagen willkommene Abkühlung. Das merkt man vor allen Dingen an den Wochenenden. Dann tummeln sich an der 24.500 Quadratmeter großen ehemaligen Kiesgrube sehr viele Badegäste. Zumindest am südlichen Ufer. Der **östlichste Teil des Sees ist** als **Biotop und Vogelnistgebiet** ausgewiesen, an dem Baden und Angeln verboten sind.

In der Südost-Ecke lockt ein hüsches **Steilufer**, an dem sich Birken im sandigen Boden förmlich festkrallen. Hier ist es erwartungsgemäß etwas stiller, wie auch im nördlichen Teil des Sees. Der westliche, von Büschen bestandene Teil des Sees ist traditionell von FKK-Anhängern belegt.

Fast überall fällt der Grund schnell steil ab, so dass der See **für Nichtschwimmer nur wenig geeignet** ist. Eltern sollten eh gut auf ihre Kinder achten, denn das Treiben auf dem See wird nicht von Rettungsschwimmern überwacht. Lediglich ein Rettungsring ist vorhanden.

In der Saison gibt es mobile WC's und sporadisch fährt sogar ein rollender Imbisswagen den See an. Die riesige Wiese bietet genügend Platz für Ballspiele und andere Aktivitäten und spätestens ab dem Nachmittag lässt einem der Duft nach frisch Gegrilltem das Wasser im Mund zusammenlaufen.

BESTE ZEIT
Zur Badesaison. An den Wochenenden wird es voll.

ANREISE
Lehmweg 203, 25488 Holm. Beim Abbiegen vom Lehmweg gleich rechts halten, sonst landet man auf dem Gelände der Fa. Heidorn.

ÖPNV: Von S-Bahn *Pinneberg* oder *Wedel* mit dem Bus 594 zur Bushaltestelle *Appen-Etz, Kiesgrube.*

WAS NEHME ICH MIT?
Badesachen, Sonnenschutz, evtl. Proviant und ausreichend zu trinken.

EXTRA-TIPP
Wer ein SUP-Board sein eigen nennt, kann mit diesem den See umrunden. SUP-Vermieter gibt es in der Gegend keine.

BADESEE COSTA KIESA

Ein herrlich ruhiges „Bade-Paradies" – zumindest an Wochentagen. Sonnenanbeter, die auf der Suche nach einer Alternative zu den überfüllten Ostseestränden sind, kommen hierher. Willkommen an der Costa Kiesa!.

Vor den nördlichen Toren Hamburgs machen wir einen ganzen Tag so richtig **Strandurlaub**. Stecken unsere Zehen in den warmen Sand, blicken versonnen über die türkisgrüne Wasserfläche und lauschen dem Rascheln des Schilfs im Wind. Aber wir vergessen nicht, Getränke und Verpflegung für den Tag mitzubringen, denn hier gibt es weit und breit kein gastronomisches Angebot. Dafür herrliche Natur und Ruhe.

Allerdings tummeln sich an beliebten Sommerwochenenden rund um den knapp 25 Hektar großen **Wilstedter Baggersee** schon mal bis zu 4.000 Sonnenanbeter. Aber was soll's: Die Badestelle *Costa Kiesa* eignet sich dennoch hervorragend für einen Ausflug mit der ganzen Familie. Der kostenlose Badebereich reicht vom Westen bis zum Norden des Sees und das Baden erfolgt auf eigene Gefahr. Badeaufsicht gibt es noch nicht, jedoch einige Verbote: **Hunde nur an der Leine, kein Alkohol, keine SUP-Boards oder Kanus und Grillen verboten.**

Dafür freuen wir uns über sehr gute Wasserqualität, glasklares Wasser, seichten Strand und grüne Buchten.

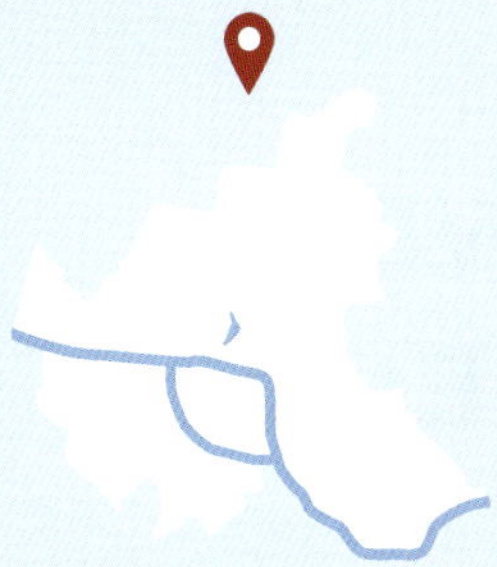

BESTE ZEIT

Badebetrieb ist vom 15. Mai bis 30. September.

START & ANREISE

Baggersee Wilstedt, 22889 Tangstedt. Kostenlose Parkplätze: Harksheider Str. südlich des Sees oder Kringelweg/Ecke Quebbern, nördlich des Sees.

ÖPNV: U1 bis *Norderstedt Mitte*, weiter mit dem Bus 378 zur Haltestelle *Wilstedt, Badesee Costa Kiesa.* Dann noch ca. 1.000 Meter Fußweg.

WAS NEHME ICH MIT?

Badesachen, Sonnenschutz, ausreichend zu trinken und einen gut gefüllten Picknickkorb.

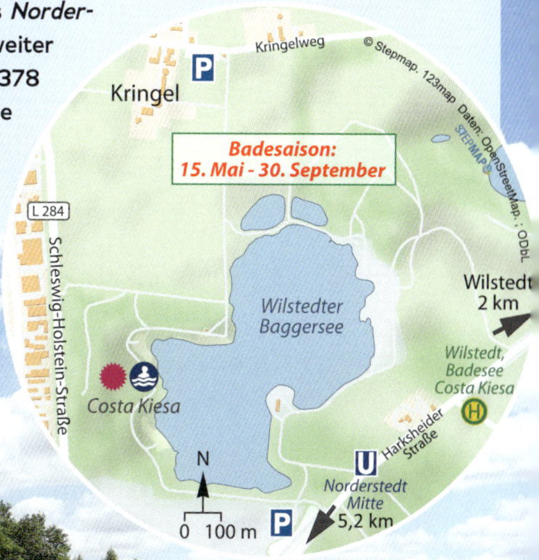

ALSTERWANDERWEG UM GUT WULKSFELDE

Ein perfekter Startpunkt zur Erkundung der dicht bewaldeten Oberalster ist der Gutshof Wulksfelde. Café-Restaurant, Bio-Hofladen und Tierpark inklusive!

Nördlich von **Gut Wulksfelde** beschreibt der *Wulksfelder Weg* einen Bogen nach rechts, passiert den **Wanderparkplatz** und kreuzt die **Oberalster** an der **Wulksfelder Schleuse.** Hier geht es sowohl nach links auf die „Orange Runde" oder nach rechts auf die „Blaue Runde" auf einen der **Wanderwege**.

Wir folgen dem Flusslauf Richtung Norden. Der natürliche Lauf der Alster und die Endmoränenhügel haben weite Flussschleifen geschaffen. Es begeistern uns mal sandige Prall- und Gleithänge, dann wieder mystisch anmutende Buchenlichtungen – wahre Kraftorte. Eindrückliche Stille erfährt man auf diesen Wegen.

Südlich der *Hexenwiese* könnte man, der „Orangen Runde" folgend, über die **Lustholzbrücke** den Rückweg zum Gutshof antreten. Nun auf der „Lila Runde", führt uns der Weg im Norden über die **Rader Schleuse** zum **Hexenberg**, einer reizvollen Waldwiese, und dann auch wieder Richtung Süden.

Ganz im Süden, wo man die Wanderung auf der „Blauen Runde" beginnt, wenn man mit dem ÖPNV anreist, überspannt die Alster eine lange Holzbrücke und man quert die kleine **Diekbek**.

Nun bleibt noch genug Zeit, um im *Gutsdeli* oder der *Gutsküche* **einzukehren** (Di-So) oder sich auf dem großen **Gutshofgelände** umzusehen, wo leckere **Bio-Lebensmittel** direkt auf dem Hof und den umliegenden Feldern produziert und im Hofladen (Mo-Sa 8-19) verkauft werden. Wer Kinder hat, wird sich über die **Spielmöglichkeiten** und den **Tiergarten** freuen.

BESTE ZEIT

Zu jeder Jahreszeit.

START & ANREISE

Wanderparkplatz Wulksfelder Weg 364, 22889 Tangstedt.

ÖPNV: S 1 bis *Poppenbüttel* oder U 1 bis *Ohlstedt*, dort jeweils weiter mit Bus 276 bis Haltestelle *Lohe*. Ein unscheinbarer Weg (hinter *Bistro Rio Grande*) entlang der Diekbek bringt uns zur „Blauen Runde". Zum Gut Wulksfelde ist es von hier 1 km zu Fuß.

WOMIT BIN ICH UNTERWEGS?

Zu Fuß folgen wir den gelben Dreiecken mit der Nr. 3. Die kleine „Blaue Runde" ist prima mit Kindern und bei trockenem Wetter auch für Kinderwagen geeignet.

DAUER

Blaue Runde: 4 km / 1 h (südliche, kleine Runde).

Blaue + orange Runde: 6 km / 1,5 h (südlich der Hexenbergwiese über die Lustholzbrücke).

Blaue + orange + lila Runde: 8 km / 2 h (große Runde über den Hexenberg und die Rader Schleuse).

WAS NEHME ICH MIT?

Gutes Schuhwerk, Regen- und Mückenschutz, ausreichend zu trinken, evtl. Proviant.

GUTES ESSEN

Das Restaurant *Gutsküche Wulksfelde* serviert nachhaltige, kreative Landhausküche in Bio-Qualität, das *GutsDeli* Kaffee und Kuchen sowie herzhafte Kleinigkeiten. www.gutskueche.de

EXTRA-TIPP

Nicht nur für Kinder ist das *Wulksfelder Kartoffelbuddeln* an den letzten beiden Augustwochenenden und den Wochenenden im September ein großer Spaß. Andere machen vielleicht eine Hof- oder Kräuterführung oder pflücken sich in der Gärtnerei einen Blumenstrauß nach Geschmack. www.gut-wulksfelde.de

Störtebeker
Störtebeker
Wir freuen uns auf Euch

RODENBEKER QUELLENTAL

Ein Spaziergang durch diese Naturoase verspricht Genuss pur. Alster, Bredenbek, Rodenbek und Mühlenbek fließen durch einen romantischen Bruchwald, in dem, je nach Jahreszeit, ausgedehnte Teppiche von Buschwindröschen und riesige Bestände von Sumpfdotterblumen zu bestaunen sind.

Einst haben tosende Gletscherwasser das **Tal der Alster** ins Erdreich gefräst und eine schöne, vielgestaltige Landschaft mit Hügeln, Tälern, Wasserläufen, Teichen, Wäldern, Wiesen und Weiden hinterlassen.

Hier entdecken wir auf unserem **Spaziergang** Rinnsale, die aus den wasserführenden Erdschichten zu den das **Naturschutzgebiet** durchziehenden Bächen hinfließen. Sie gehören zu den wenigen natürlichen Quellen auf Hamburger Stadtgebiet, die der Gegend ihren Namen gegeben haben. Die Gewässer prägen den Wald mit seiner vielfältigen Tier- und Pflanzenwelt, der sich in reizvollem Wechsel aus Buchen, Eichen und Birken präsentiert. In der nahezu unberührten Uferlandschaft, mit Erlensümpfen, feuchten Wiesentälern und Röhrichten, hat der ständige Wechsel von längeren hohen Wasserständen und raschem Fluss der Bäche die Wurzeln der dort wachsenden Erlen unterspült und im oberen Bereich freigelegt, sodass man sich fast an Mangrovenwälder erinnert fühlt.

Auf unserem Rückweg laufen wir ein Stück auf dem **Alsterwanderweg**, der zu einem der schönsten Wanderwege Hamburgs zählt.

BESTE ZEIT
Zu jeder Jahreszeit.

START & ANREISE
Parkplatz Rodenbeker Straße, kurz vor dem Gasthaus Quellenhof.

ÖPNV: U1 bis *Hoisbüttel* und von dort mit dem Bus 474 bis *Sarenweg.* Oder U1 bis *Ohlstedt,* weiter mit dem Bus 276 bis *Bredenbekstraße.*

WOMIT BIN ICH UNTERWEGS?
Zu Fuß. Bei feuchter Witterung kann es auf den teils wurzelgesäumten Pfaden rutschig sein. Bitte auf den offiziellen Wegen bleiben, da wir im Naturschutzgebiet unterwegs sind.

DAUER
Für unseren Rundgang brauchen wir 1-2 h.

WAS NEHME ICH MIT?
Gutes Schuhwerk, Regen- und Mückenschutz!

GUTES ESSEN
Schon seit 1920 wird im *Gasthaus Quellenhof* unter historischem Reetdach oder auf der Sommerterrasse serviert. Gute alte Landgerichte treffen auf moderne, saisonale Küche. www.quellenhof.hamburg

Gemütlich Kaffee trinken kann man auch gut 1 km südlich im Bistro *Der goldene Tapir* (Di-So 10-22) in der Remise auf dem Siemers'schen Hof. www.zumgoldenentapir.de

EXTRA-TIPP
An dem zum *Quellenhof* gehörenden *Marktstand* können von Freitagmittag bis Sonntagabend Forellen, Saiblinge, Stremellachs, hausgemachte Einweckgerichte und ofenfrischer Kuchen erworben werden.
Sonntagmorgens trifft man sich in der hauseigenen Räucherkate und räuchert bei 70° C auf Buche die schmackhaften Fische, die gegen Mittag warm mit Vierländer Gurkensalat und krossen Bratkartoffeln serviert werden oder mit nach Hause genommen werden können.

Rodenbeker Quellental (Bergstedt, Wohldorf-Ohlstedt)

NATURSCHUTZGEBIET WOHLDORFER WALD & DUVENSTEDTER BROOK

Besonders reizvoll ist Hamburgs größter zusammenhängender Laubwald wegen seiner eiszeitlichen Endmoränen, die dem Wald ein hügeliges, reich gegliedertes und von Flüssen und Gewässern geprägtes Aussehen geben.

Wir haben uns für einen kleinen **Spaziergang** entlang **Ammersbek** und **Mühlenteich** entschieden, der uns vom **NSG Wohldorfer Wald** ins **NSG Duvenstedter Brook** führt. Zuvor besuchen wir das vom NABU betriebene Info-Zentrum *Duvenstedter BrookHus*.

Der Mix aus landwirtschaftlichen Nutzflächen, Wiesen, Mooren und Wald, in Hamburgs ältestem Forstrevier, macht diesen Ausflug so abwechslungsreich und schön. Zwischen Wiesen und Weiden, auf denen Pferde grasen, laufen wir links in die *Herrenhausallee* und am Parkplatz wieder rechts in die *Schünenkoppel*, wo gleich der **Auewanderweg** abgeht. Eine verwunschene Stimmung, in der sich die **Ammersbek** durch herrlichen Bruchwald schlängelt, in dem kreuz und quer entwurzelte Bäume liegen. Wildnis pur in Hamburgs Norden! Das **Wohldorfer Herrenhaus** rechts des Wanderweges wurde ursprünglich 1712 als Sitz der Waldherren erbaut, aber stattdessen von Hamburger Senatsmitgliedern als Feriensitz genutzt. Am **Mühlenteich** biegen wir gleich wieder links, hinter der *Wohldorfer Kornmühle*, in einen Pfad und gelangen jenseits der Ammersbek auf dem Auewanderweg zur 1622 erbauten *Kupfermühle*, wo sich unser Kreis schließt. Sie nutzte einst die Wasserkraft der aufgestauten Ammersbek zur Produktion von Messingdraht.

BESTE ZEIT

Zu jeder Jahreszeit. BrookHus Dez+Jan geschlossen.

START & ANREISE

Parkplatz Duvenstedter Brook, Duvenstedter Triftweg 135, oder Parkplatz Herrenhausallee/Ecke Schünenkoppel, 22397 Hamburg.

ÖPNV: U1 bis *Ohlstedt*, von dort 30 Min. Fuß- bzw. 15 Min. Radweg. Wochentags mit dem Bus der Linie 478 bis Haltestelle *BrookHus*. Oder die ganze Woche mit dem Bus der Linie 276 zur Haltestelle *Duvenstedter Driftweg* und 1 km Fußweg zum Mühlenteich.

WOMIT BIN ICH UNTERWEGS?

Zu Fuß.

DAUER

Für die etwa 4-5 Kilometer benötigen wir etwas mehr als 1 h.

WAS NEHME ICH MIT?

Gutes Schuhwerk, Regen- und Mückenschutz.

GUTES ESSEN

Wir lieben die Currywurst der *Landschlachterei Busack* in der *Wohldorfer Mühle.* Ehemals als Schankwirtschaft errichtet, warteten hier die Bauern, bis nebenan in der „wirklichen" Mühle ihr Korn gemahlen war. www.die-muehle-hamburg.de

EXTRA-TIPP

Im *Duvenstedter BrookHus* der NABU erhalten wir Ausflugstipps und Infos zur Tier- & Pflanzenwelt des Duvenstedter Brooks. Hier gibt es, neben einer multimedialen Dauerausstellung, auch immer wieder Kunstausstellungen und Vorträge. https://hamburg.nabu.de/natur-und-landschaft/infohaus-duvenstedter-brook

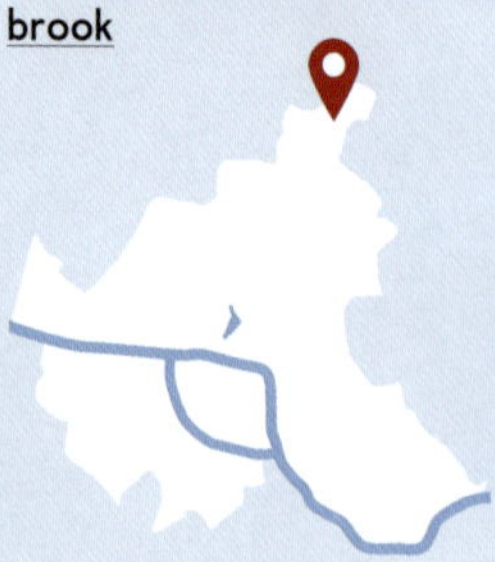

BREDENBEKER TEICH

Eigentlich kann man schon lange nicht mehr von einem Teich sprechen, eher von einem veritablen See, der mit immerhin 35 Hektar Wasserfläche zu ausgedehnten Spaziergängen entlang seines Ufers und zu einem erfrischenden Bad einlädt.

Der Bredenbeker Teich ist zwar noch immer ein Geheimtipp unter den **Badeseen** im Hamburger Umland, aber gleich vorweg: Das offizielle **Strandbad** des *Campingplatzes Bredenbeker Teich* (www.camping-bredenbeker-teich.de), mit seinem familienfreundlichen Sandstrand, ist wegen der Badesicherheitsverordnung noch geschlossen (soll im Sommer 2023 wieder geöffnet werden).

Doch wer von Westen kommend am Südufer des Sees den Spazierpfaden folgt, findet ab Höhe der Insel, dort, wo der See nach Süden abknickt, an heißen Sommertagen die ersehnte Abkühlung im sauberen Wasser. In den **lauschigen und schattigen Buchten** ist man zeitweise sogar fast allein.

Nicht überall kommt man direkt ans Wasser, denn gegenüber dehnt sich das Gelände des weitläufigen Golfplatzes *Golfclub Hamburg-Walddörfer* aus. Auf weiten Strecken ist der zweigeteilte **Natursee**, der von der Bredenbek gespeist wird und top Wasserqualität hat, umzäunt. Und was kaum jemand weiß – auch die **Biene Maja** ist hier zu Hause. Der Ahrensburger Schriftsteller Waldemar Bonsels beobachtete hier in seiner Kindheit die wunderbare Welt der Grashüpfer, Frösche, Spinnen – und Bienen. 1912 veröffentlichte er „Die Biene Maja und ihre Abenteuer"!

Am flexibelsten unterwegs ist man mit dem **Fahrrad**. Dann kann man die hügelige Landschaft nach Herzenslust erkunden und hat es auch nicht weit zur Bahn in Ahrensburg oder Hoisdorf.

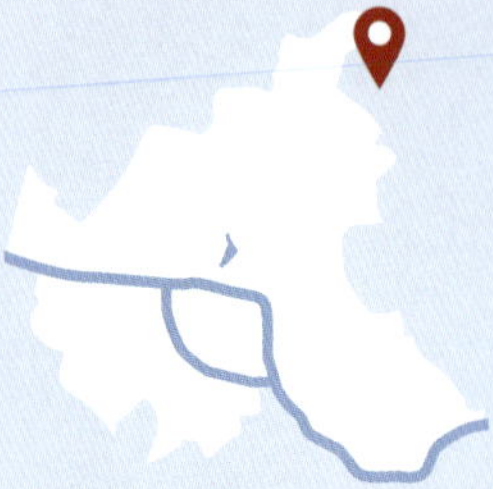

BESTE ZEIT

Vom Frühjahr bis zum Herbst.

START & ANREISE

Mit dem Auto auf der B 434 über Bergstedt, an der U-Bahn Hoisbüttel vorbei bis Ammersbek-Hoisbüttel, dort rechts in den Wulfsdorfer Weg. 300 Meter vor dem See ist rechts ein Parkplatz.

ÖPNV: U1 bis *Hoisbüttel*, von dort ca. 3 km per Rad zum See. Oder mit der RB nach *Ahrensburg* und 2,5 km mit dem Rad zum See.

DAUER

Entlang des südwestlichen Ufers ist man hin und zurück ca. 5 Kilometer unterwegs. Bei einer Umrundung des Sees kommt man auf ca. 6 Kilometer.

WOMIT BIN ICH UNTERWEGS?

Mit dem Rad und/oder zu Fuß.

WAS NEHME ICH MIT?

Badesachen, Sonnen-, Regen-, Mückenschutz, ausreichend zu trinken und evtl. Proviant.

EXTRA-TIPP

Knapp 1,5 Kilometer südlich des Sees liegt *Gut Wulfsdorf* mit Bio-Hofladen, Demeter-Holzofenbäckerei und Hofladencafé.
www.gutwulfsdorf.de

LÜTJENSEE

Eine Ausfahrt mit dem Ruderboot über den buchtenreichen Lütjensee oder ein Spaziergang durch das Moorgebiet Kranika, dabei dem knarrenden Ruf des Wachtelkönigs lauschend. Hier ist man mitten in der Natur!

Wer zum **Baden** an den Lütjensee fährt, sollte dies im Frühsommer tun, denn mit Zunahme heißer Sommertage besteht die Gefahr der Algenbildung. Dann sperrt die Gemeinde Lütjensee den Nordstrand vorsorglich ab. Ansonsten aber gibt es an diesem eine schöne Bademöglichkeit mit angeschlossener **Liegewiese**.

Der Lütjensee ist in Privatbesitz und daher ist das **Befahren mit eigenen Wasserfahrzeugen – auch Schlauchbooten und Stand-up Boards – verboten.**

Im Südteil des Sees können jedoch beim Restaurant *Fischerklause* **Kanus** und **Ruderboote gemietet** werden.

Der 33 Hektar große und bis zu drei Meter tiefe See zählt zu den glazialen Rinnenseen, der in der Weichsel-Eiszeit durch Schmelzwassererosion entstanden ist. Das östlich von ihm anschließende **Moorgebiet Kranika** entwässert über das begradigte und durch den Talraum zum Lütjensee verlaufende Bächlein **Riepsau**.

Auf **Wanderwegen** kann man das reizvolle Gebiet erkunden, dabei helfen mehrere aufgestellte Informationstafeln. Das **Naturschutzgebiet** ist Lebensraum zahlreicher Tier- und Pflanzenarten, die sich den dort überwiegend feuchten Verhältnissen angepasst haben.

Lütjensee (Stormarnsche Schweiz)

am Ende der Straße „Am See" im Südteil des Sees, 22952 Lütjensee.

ÖPNV: Bushaltestelle *Lütjensee, Am See*, Linien 364 und 369.

BESTE ZEIT
Zu jeder Jahreszeit.

START & ANREISE
Parkplatz am Lütjensee, Seeredder im Nordteil des Sees oder Parkplatz am Ende der Straße „Am See" im Südteil des Sees, 22952 Lütjensee.

WAS NEHME ICH MIT?
Festes Schuhwerk, Badesachen, Sonnen-, Regen-, Mückenschutz, ausreichend zu trinken und evtl. Proviant.

WOMIT BIN ICH UNTERWEGS?
Zu Fuß oder mit dem Fahrrad.

GUTES ESSEN
Leckere Fischbrötchen und Fisch aus eigener Räucherei gibt's im Fischladen (Mi-So) beim *Seehof am Lütjensee* (auch Hotel) am Ostufer des Sees.
www.seehof-luetjensee.de

47

GROSSENSEE

Ein Sommertag an einem der saubersten Badeseen Norddeutschlands, egal ob zum Baden, Wandern oder nur zum Entspannen, bietet rundum erholsame Stunden.

Für den Besuch des von Kiefern umgebenen Sandstrands sind wir am heißesten Tag des Sommers schon früh am Start, um die Ruhe zu genießen, ein Buch zu lesen oder einfach nur im glasklaren Wasser zu schwimmen. Später kann es, vor allem am Wochenende, voll werden!

Als Teil der **schleswig-holsteinischen Dreiseenplatte** ist gerade dieser See ein Juwel. Gebadet werden kann sowohl am beliebten und kostenfreien **Naturbadestrand im Norden,** den **Buchten** entlang des Sees **auf seiner Ostseite** und im **Freibad am Südstrand.** Dieses lockt mit günstigen Eintrittspreisen, einer Badeaufsicht, Volleyball-Feld, Spielplatz und einem Imbiss.

Am gesamten, bis zu 17 Metern tiefen See sind **Boote, Kanus und Stand-up-Paddle-Boards verboten,** am Nordstrand zusätzlich auch **Pferde und Hunde,** denn er ist ausgewiesenes Fauna-Flora-Habitat-Gebiet.

Naturbelassene Wälder und ein fast sieben Kilometer langer **Wanderweg** umgeben den See. Im nördlichen Teil führt der Wanderweg, der sich auch zum **Radfahren** eignet, direkt am Ufer entlang. Im südlichen Teil verwehren mehrere Privatgrundstücke am Wasser den Zugang.

BESTE ZEIT

Die Badesaison. Wer kann, meidet die heißen Wochenenden oder ist früh vor Ort.

START & ANREISE

Großer kostenloser Parkplatz an der Seestraße 1, 22946 Großensee. Kleiner Parkplatz im Norden an der Einmündung Strandweg/Großenseer Straße.

ÖPNV: Regionalbahn bis *Rahlstedt*, von dort mit dem Bus Linie 264 bis *Petersweg - Großensee.*

WOMIT BIN ICH UNTERWEGS?

Mit dem Fahrrad oder zu Fuß.

WAS NEHME ICH MIT?

Badesachen, Sonnen-, Regen- und Mückenschutz, ausreichend zu trinken und evtl. Proviant.

GUTES ESSEN

Solide Schnitzel gibt es 500 Meter vom Nordstrand entfernt im *Hotel-Café-Restaurant Schleushörn.* https://hotel-restaurant-cafe-schleushoern.eatbu.com

EXTRA-TIPP

Wer echte Ruhe sucht, findet sie in dem sich im Nordteil des Großensees anschließenden Wald und am Südufer des Sees *Mönchteich.* Wegen geringer Tiefe sind allerdings viele Pflanzen im Wasser.

Campingplatz ABC Großensee – Übernachten in landschaftlich reizvoller Natur vor den Toren Hamburgs. Mit Liegewiesen, Beachvolleyball, Restaurant am See sowie Wohnwagen- und Hüttenvermietung. www.campingplatz-abc.de

MÜSSENER SEE

Klein, aber fein – die Badelagune gilt als erste Adresse, wenn es um Badespaß geht. Ein hübscher Strand, eine kleine Liegewiese mit schönen, schattigen Plätzen unter großen Bäumen. Was will man mehr?

Nur wenige Kilometer östlich von **Schwarzenbek** gelegen, befindet sich diese **Badelagune**. Für viele ist sie noch ein Geheimtipp und mit der Vorstellung in diesem Buch machen wir uns bei manchem Einheimischen sicher unbeliebt. Trotzdem!

Der 11 Hektar kleine See ist maximal 13 Meter tief und sein Umfang reicht für einen kleinen **Spaziergang** von eineinhalb Kilometern Länge auf einem **schmalen, wilden Pfad.** Aber wer will schon laufen, wenn man baden kann . . . ?

Beim Blick die steile Böschung hinunter freut man sich spontan über den schönen und sauberen Anblick des von einem kleinen Wäldchen eingefassten Sees. Die wenigen Badegäste an diesem heißen Wochentag verteilen sich am Sandstrand. Der abgetrennte **Nichtschwimmerbereich** ist perfekt für Familien mit kleinen Kindern.

In unmittelbarer Nähe befinden sich ein **Spielplatz**, eine **Skaterbahn**, ein **Volleyballfeld** und ein Sportplatz und auf dem Weg hierher haben wir uns im *Müssener Hofladen* mit Schmankerln eingedeckt.

BESTE ZEIT
Natürlich zur Badesaison. Idealerweise an einem Wochentag.

START & ANREISE
Parkplatz Von-Wachholtz-Weg 15, 21516 Müssen.

ÖPNV: Mit der RB von *HH Hbf* in nur 0:27 h zum *Bf Müssen*. Dann noch 1 km Fußweg zum See.

WAS NEHME ICH MIT?
Badesachen, Sonnenschutz, ausreichend zu trinken, evtl. Proviant.

EXTRA-TIPP
Im nahen *Müssener Hofladen* gibt es alles, was das Herz begehrt – Gemüse, Obst, Käse, Wurst, Eier, Kartoffeln, Backwaren . . ., eigener Anbau, selbstgemacht und natürlich regional. www.muessenerhofladen.de

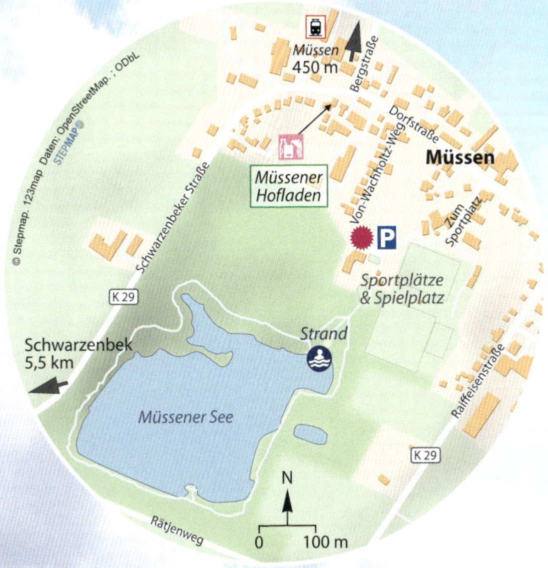
Müssen
450 m
Bergstraße
Dorfstraße
Müssen
Von-Wachholtz-Weg
Müssener
Hofladen
Schwarzenbeker Straße
Zum
Sportplatz
Sportplätze
& Spielplatz
K 29
Strand
Schwarzenbek
5,5 km
Müssener See
Raiffeisenstraße
K 29
N
0
100 m
Rätjenweg
© Stepmap, 123map Daten: OpenStreetMap ; ODbL
STEPMAP

GÜSTER

Der Prüßsee ist ein Idyll – das im Licht der Sonne glitzernde Wasser, kleine Buchten, feiner Sandstrand. Wer in Güsters wunderschöner Seenlandschaft einen Sommertag verbringt, ahnt kaum, dass sie Anfang des letzten Jahrhunderts noch einer Mondlandschaft glich.

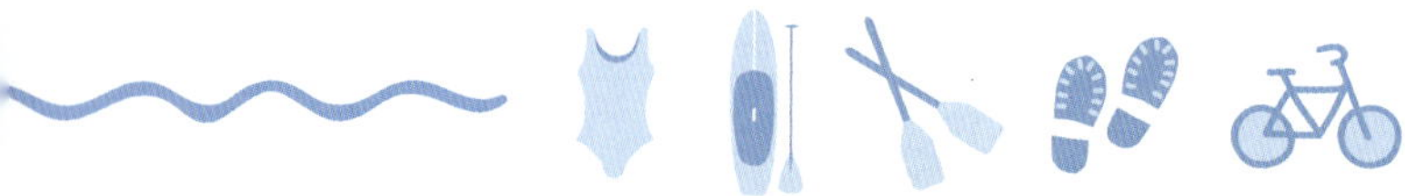

Damals wurde Kies in großem Stil industriell abgebaut, aufbereitet und auf Förderbändern und Loren zu den Lastwagen und Binnenschiffen transportiert, die den Baustoff nach Hamburg und andere Städte brachten. Der verschlafene Ort **Güster** am **Elbe-Lübeck-Kanal** war 1912 der drittgrößte Binnenhafen Deutschlands!

Heute ist der **Prüßsee** ein Zusammenschluss aus mehreren Kiesgruben, die mit dem Elbe-Lübeck-Kanal verbunden sind, eine reizvolle Naturlandschaft und nur 50 Autominuten von Hamburgs Innenstadt entfernt.

Die verschachtelte **Seenlandschaft** ist mit mehreren Inseln durchsetzt, die schwimmend, per SUP-Board oder Kanu erreicht werden können. Zwar ist das Wasser etwas trübe, aber von ausgezeichneter Güte und hat sogar **Trinkwasserqualität**, denn der Prüßsee wird aus eigenen Quellen gespeist.

Mitten im See, nur über eine **Fußgängerbrücke** erreichbar, liegt die **10.000 m² große Badeinsel.** Neben einem **Camping- und Wohnmobilstellplatz** eröffnen die Wochenendhäuser um die Seen herum die Möglichkeit, aus einem Ausflug gleich einen ganzen Urlaub zu machen.

Um unseren heutigen Tag zu einem würdigen Abschluss zu bringen, kehren wir, pünktlich zum Sonnenuntergang, auf der Terrasse des mediterranen Restaurants *Blaue Lagune* ein.

BESTE ZEIT

Natürlich zur Badesaison. Idealerweise an einem Wochentag.

START & ANREISE

Parkplatz Am Moorweg/ Diebsradenweg, 21514 Güster.

ÖPNV: Regionalbahn nach *Büchen*. Von dort mit dem Bus 8830 (fährt alle 2 Std.) bis *Güster, Dorfplatz*.

WOMIT BIN ICH UNTERWEGS?

Zu Fuß oder, um die ganze Seenlandschaft zu erkunden, mit dem Rad.

WAS NEHME ICH MIT?

Badesachen, Sonnenschutz, ausreichend zu trinken und evtl. Proviant.

GUTES ESSEN

Pizza, Pasta, leckere Fleisch-Spieße werden im Restaurant *Blaue Lagune* auf schöner Holzterrasse am Wasser mit Blick auf den See serviert. blauelagunegüster.de

Eine raffiniertere Küche – auch vegetarisch – serviert das kleine, sympathische Lokal *Klönschnack*. www.kloenschnack-guester.de

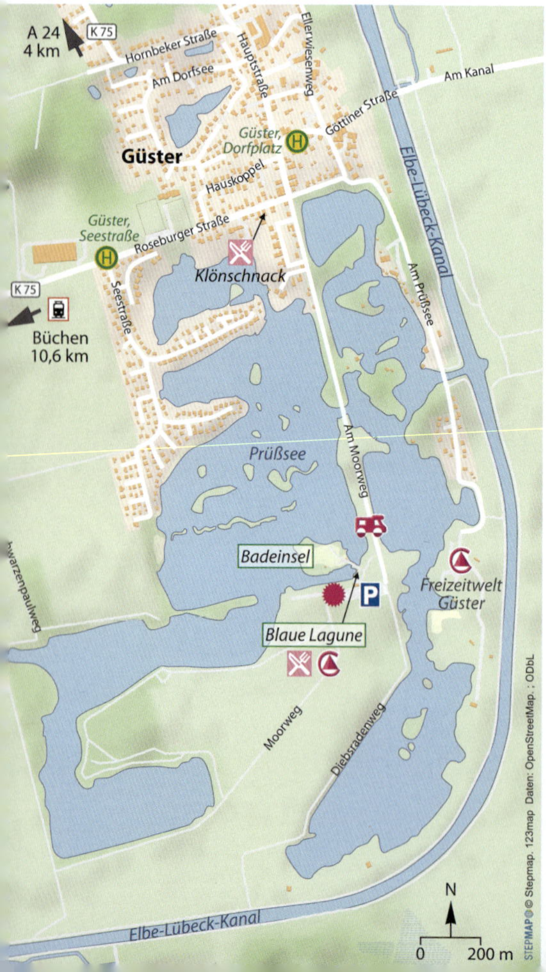

EXCURSION 4

LAUENBURG/ELBE

Die alte Schifferstadt am Strom ist, trotz ihrer überaus reizvollen und pittoresken Altstadt, noch ein echter Geheimtipp. Mit dem Auto sind wir in 45 Minuten in der südlichsten Stadt Schleswig-Holsteins.

Die eigentliche Stadt liegt rund 68 Meter hoch über der Elbniederung auf einem Geestrücken. Nur die hübsche **Altstadt** erstreckt sich unten, an der Elbe und ein Stück den Elbhang hinauf und begeistert uns sofort mit ihren bunten **Fachwerkhäusern** und dem wundervollen **Weitblick über den Fluss.**

Die alte Schifferstadt liegt im Dreiländereck Mecklenburg-Vorpommern, Niedersachsen und Schleswig-Holstein und bei einem Spaziergang entlang der liebevoll restaurierten Häuser, dem größten Denkmalensemble ganz Schleswig-Holsteins, fühlt man sich sofort in eine andere Zeit versetzt. Man spürt immer noch auf Schritt und Tritt, dass die Schifffahrt die Geschichte der Stadt geprägt hat. Noch heute laden moderne Fahrgastschiffe und historische Dampfschiffe zu Touren auf der Elbe, dem Elbe-Lübeck-Kanal oder dem Elbe-Seiten-Kanal ein.

Kleine, **kopfsteingepflasterte Gassen und Treppen** verbinden die Altstadt mit der **Oberstadt**. Auf unserem Aufstieg kommen wir zum **Schloss**, das nach einem Brand 1616 zu großen Teilen zerstört wurde und von dem heute nur noch der **Fürstengarten**, der **Wehrturm** und ein **Gebäudeflügel** an die Zeit der askanischen Herzöge erinnern.

BESTE ZEIT
Zu jeder Jahreszeit.

START & ANREISE
Parkplatz Bahnhofstr. 16, oder Lösch- & Ladeplatz Lauenburg, Elbstraße, 21481 Lauenburg.

ÖPNV: Bus X80 oder Regionalbahn (m. Umstieg) von HH nach *Lauenburg*.

WIE UNTERWEGS?
Zu Fuß.

DAUER
Auf einem rund 3 km langen Rundgang entdecken wir die Altstadt und das auf der Anhöhe gelegene Schloss.

WAS NEHME ICH MIT?
Sonnen- & Regenschutz, bequeme Schuhe.

GUTES ESSEN
Im historischen Fachwerkbau aus dem Jahre 1663 direkt an der Elbe genießen wir im Hotel-Rest. *Zum Alten Schifferhaus* knusprige Stinte. www.schifferhaus.de

Im Café und Gästehaus *Von Herzen* gibt es köstliche Torten und hübsche Zimmer. www.von-herzen.de

EXTRA-TIPP
Das *Elbschifffahrtsmuseum* zeigt in einer interaktiven Ausstellung, wie sich die schweren Arbeits- und Lebensbedingungen beim Schiffbau und in der Schifffahrt im Laufe von 1.000 Jahren Elbschifffahrt entwickelten und man erfährt etwas über die Menschen, die auf und mit der Elbe ihr Leben verbracht haben. www.elbschifffahrtsmuseum.de

BARUMER SEE & REIHERSEE

Zwei reizvolle Seen mit schönem Sandstrand! Vom Reihersee aus lassen sich über den Fluss Neetze herrliche Paddeltouren zum benachbarten Barumer See unternehmen.

Direkt entlang des Ortskerns von **Barum** erstreckt sich der **Barumer See,** eigentlich eine seeartige Flusserweiterung der **Neetze**. Am **Nordufer** des Barumer Sees liegen, unweit des Abflusses der Neetze, direkt nebeneinander zwei schöne **Badestrände**. Auf dem großzügigen Wiesengelände kann man bei sommerlichen Temperaturen herrlich den Tag verbummeln und, zumindest unter der Woche, die Stille genießen.

Etwas trubeliger geht es am 500 Meter breiten und 1.100 Meter langen **Reihersee** zu. Er wird ebenfalls von der **Neetze** durchflossen und so auch ständig mit frischem Wasser versorgt. An seinem **südlichen Ufer** liegen mehrere **Campingplätze**, die allesamt ihren eigenen kleinen Strand haben und die ganzjährig geöffnet sind. Noch vor den Campingplätzen liegt hinter dem großen Parkplatz, der auch Wohnmobilen Stellplätze bietet und über einen Imbiss verfügt, der **öffentliche Strand.** Hier buddeln Kinder im Sand, brutzeln die Eltern in der Sonne und toben Jugendliche auf dem Rasenstück davor.

Die Badewasser-Qualität beider Seen gilt als gut. Allerdings kann es in heißen Sommern auch schon mal zur Blaualgenbildung kommen.

BESTE ZEIT

Zur Badesaison.

ANREISE

Barumer See in 21357 Barum,

Naturbad Reihersee in 21382 Brietlingen, Auf den Bergen.

Die Seen liegen nur wenige Kilometer voneinander entfernt und sind von Hamburg mit ÖPNV etwas schwierig zu erreichen (Barumer See am Wochenende z.B. nur mit AST/Anruf-Sammel-Taxi, siehe www.bahn.de).

WOMIT BIN ICH UNTERWEGS?

Mit Kanu/SUP kann man über das Flüsschen Neetze beide Seen erkunden und die vielfältige Natur genießen.

Kanus mieten kann man bei *Kanu-Tours am Reihersee* (geöffnet Fr-So, in den Ferien täglich). www.kanu-tours-event.de

WAS NEHME ICH MIT?

Badesachen, Sonnenschutz, evtl. Proviant und ausreichend zu trinken.

GUTES ESSEN

Wer Fisch mag, ist in der an der Ilmenau gelegenen Gaststätte *Zum Aalkrug* richtig (westlich von Barum, zu Fuß über Horburg in 3,8 km zu erreichen). www.zum-aalkrug.de

EXTRA-TIPP

Mehrmals im Monat findet am Reihersee ein *Flohmarkt* statt. www.flohmarkt-reihersee.de

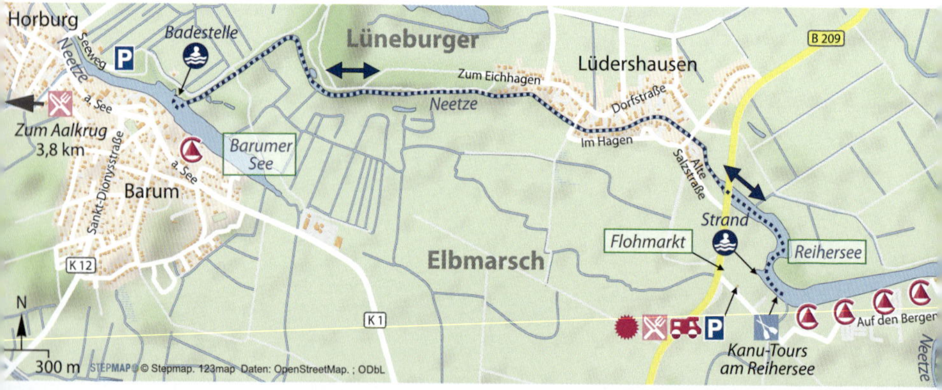

SCHIFFSHEBEWERK SCHARNEBECK & INSELSEE

Spannend für die ganze Familie ist ein Besuch des Schiffshebewerks Scharnebeck am Elbe-Seitenkanal, eines der größten der Welt! Danach verbringen wir einen entspannten Badenachmittag am feinen, weißen Sandstrand des Inselsees.

Sehr beeindruckend ist der Blick von einer der beiden **Besucherplattformen** auf die beiden riesigen Wassertröge des **Doppelsenkrecht-Schiffshebewerks,** wenn Fahrgast- oder Frachtschiffe in nur drei Minuten, wie in einem gigantischen Fahrstuhl, von der flachen Elbmarsch über eine Höhe von 38 Meter auf den Geestrücken der Lüneburger Heide gehoben werden. Die Tröge mit einer nutzbaren Länge von 100 Metern, 11,80 Metern Breite und 3,40 Metern Tiefe wiegen konstant 6.000 Tonnen, da ja die Schiffe beim Einfahren so viel Wasser verdrängen, wie sie selbst wiegen. Gehalten werden sie jeweils von 240 Stahlseilen, mit einem Durchmesser von 54 Millimetern.

In der **Ausstellungshalle**, gleich neben dem Hebewerk, bekommt man mehr Informationen über das technische Meisterwerk, kann eine **Führung** oder gar eine **Fahrt** mit einer Hamburger Hafenbarkasse **durch das Schiffshebewerk** buchen.

Nach so viel technischer Sensation kommt ein ruhiger Sommernachmittag am **Sandstrand** des nahen **Inselsees** gerade recht. Das flache Ufer ist ideal für Familien mit kleinen Kindern und oberhalb lädt eine **Liegewiese**, mit Schatten spendenden Bäumen, zu einem Schläfchen ein. Von der Terrasse des **Imbiss** genießen wir den Blick hinunter auf diesen schönen See.

BESTE ZEIT

Das Schiffshebewerk zu jeder Jahreszeit, der Inselsee in den Sommermonaten. An den Wochenenden kann es voll werden. www.schiffshebewerk-scharnebeck.de

START & ANREISE

Parkplatz Schiffshebewerk, Adendorfer Str. 44, 21379 Scharnebeck und Parkplatz Inselsee.

ÖPNV: Von *Lüneburg ZOB* mit dem Bus 5110 bis *Scharnebeck Schulzentrum*. Durch den Park sind es 600 Meter zum Hebewerk.

WAS NEHME ICH MIT?

Badesachen, Sonnenschutz, ausreichend zu trinken und evtl. Proviant.

Für den Besuch des Kletterwalds strapazierfähige, bequeme Kleidung und Schuhe.

EXTRA-TIPP

Alternativ zum Baden kann man seine eigenen Grenzen im *Kletterwald Lüneburg-Scharnebeck* testen. www.kletterwald-scharnebeck.de

HANSESTADT LÜNEBURG

Zugegebenermaßen ist man in Lüneburg dem Wasser nicht immer nah. Jedoch sind wir in der Stadt rund um das Flüsschen Ilmenau unterwegs, auf dem im Mittelalter der Transport des Salzes in die Lübecker Salzspeicher seinen Anfang nahm. Spuren davon findet man überall.

Sowohl vom Bahnhof als auch von unserem Parkplatz aus, sind es nur wenige Schritte zum **Stintmarkt** im historischen **Wasserviertel,** dem Herzen der Stadt. Gegenüber, am ehemaligen **Ilmenau-Hafen,** steht der **Alte Kran,** heimliches Wahrzeichen der Salz- und Hansestadt, der dem Verschiffen des in der Lüneburger Saline produzierten Salzes diente. In den gemütlichen Kneipen am Fluss kann man bei einem kühlen Bier den Blick auf die Ilmenau genießen.

Beim Gang durch die Gassen der **Altstadt** um das **Alte Rathaus,** die **Alte Ratsapotheke** und die prächtige **Industrie- und Handelskammer** herum, kommen wir aus dem Staunen nicht heraus. Die mittelalterliche Architektur im Stil der Backsteingotik und die romantischen, historischen Giebel stehen im wohltuenden Gegensatz zum jungen, munteren Treiben der Universitätsstadt. Sage und schreibe 1.300 Backsteinhäuser der auf Salz erbauten Stadt sind denkmalgeschützt.

Durch das **Lüneburger Senkungsgebiet**, dem durch jahrhundertelangen Salzabbau stark abgesunkenen Teil der Altstadt, mit seinen schiefen Häusern einer der schönsten Teile der Stadt, kommen wir zum **Kalkberg**. Vom 58 Meter hohen „Gipsberg" – von ehemals 80 Metern bis ins Jahr 1878 zur Gipsgewinnung abgetragen und heute zum Naturdenkmal erklärt – genießt man einen atemberaubenden **Panoramablick** auf die Hansestadt.

RENOV.
1998–
2003
Zum alten Kran

BESTE ZEIT
Lüneburg ist zu jeder Jahreszeit schön.

START & ANREISE
Parkplatz Polizei LG, Reichenbachstraße 4, 21335 Lüneburg.

ÖPNV: Mit dem Schleswig-Holstein-Ticket im Nahverkehrszug nach *Lüneburg*.

WOMIT BIN ICH UNTERWEGS?
Zu Fuß.

DAUER
Bei einem Halbtagesausflug entdecken wir auf 2,5-3 Kilometern die wichtigsten Sehenswürdigkeiten der Stadt.

WAS NEHME ICH MIT?
Sonnen- & Regenschutz, bequeme Schuhe.

GUTES ESSEN
Total schön Übernachten und toll frühstücken (auch ohne Übernachtung) kann man im *einzigartig*. www.hoteleinzigartig.de

Im netten Café *Bell & Beans* genießen wir im schönen Hinterhof leckere Bagels. www.bellandbeans.de

EXTRA-TIPP
Ist man an einem Mittwoch oder Samstag in Lüneburg, sollte man unbedingt den seit über 650 Jahren stattfindenen *Wochenmarkt* vor dem imposanten Rathaus besuchen. Gemüse von Bardowicker Bauern, Obst aus dem Alten Land, Honig aus der Heide, Käse, Fisch und Fleischwaren von örtlichen Erzeugern . . . Wie ein Markt eben sein soll!

Deutsches Salzmuseum, Industriedenkmal Saline Lüneburg (Di-So 10-17). www.salzmuseum.de

SaLü Salztherme Lüneburg Erlebnisbad mit Rutschen, Wellenbad, Sole, Sauna & Wellness. www.salue.info

INDUSTRIE-UND HANDELSKAMMER

NATURSCHUTZGEBIET BILLETAL

Ein wahrer Naturschatz sind die teils durch dichten Urwald fließende, saubere Bille, Lebensraum seltener Tiere und Pflanzen sowie der Sachsenwald, Schleswig-Holsteins größtes zusammenhängendes Waldgebiet, das sich bis heute im Familienbesitz der Bismarcks befindet.

Während das märchenhafte **Naturschutzgebiet Billetal** geprägt ist von mystischen Auwäldern, wird der angrenzende **Sachsenwald** forstwirtschaftlich genutzt.

Kreuz und quer im Flussbett der **Bille** liegende Baumstämme verhindern zum Glück auch, dass Paddler sich in diese Wildnis wagen. Immer entlang dieser tollen Ufervegetation folgen wir den Schleifen des Flüsschens auf dem **„Eisvogelweg",** auf dem Fürst **Bismarck** die nach ihm benannte **Quelle** entdeckte, und haben gar nicht mal so schlechte Aussichten, auf die seltene Wasseramsel oder den Eisvogel zu treffen, der ideale Nistmöglichkeiten in den steilen Uferabbrüchen findet. Gefährdete Fische wie Äsche, Bachforelle und Elritze, legen im Kiesbett ihre Eier ab.

Spannend sind auch die im **Sachsenwald** zahlreich anzutreffenden Spuren unterschiedlichster Zeitepochen – steinzeitliche Großsteingräber und bronzezeitliche Grabhügel, die darauf hinweisen, dass hier schon vor Jahrtausenden Menschen siedelten. Zwischen **Fürstenbrücke** und **Doktorbrücke** stoßen wir im Wald auf eine Grabanlage der Jungsteinzeit um 2700 v. Chr. aus der Trichterbecherkultur.

BESTE ZEIT

April bis Oktober. Wegen seiner Beliebtheit idealerweise an Wochentagen.

START & ANREISE

Parkplatz Schönningstedter Str. 1 oder Am Mühlenteich, 21521 Aumühle.

ÖPNV: S-Bahnstation *Aumühle* (S21).

WOMIT BIN ICH UNTERWEGS?

Zu Fuß.

DAUER

Knapp 9 Kilometer, ca. 3 h.

WAS NEHME ICH MIT?

Bequeme, feste Schuhe, Regen- & Mückenschutz, ausreichend zu trinken, Proviant, evtl. wasserfeste Sitzunterlage. www.sachsenwald.de/wanderwege.html

GUTES ESSEN

Tolle Wildgerichte genießt man im Hotel-Restaurant *Waldesruh am See.* www.waldesruh-am-see.de

EXTRA-TIPP

Ideale Pause unterwegs: Das sympathische *Café InTakt* in Reinbek-Ohe, mit Blick auf den See, serviert auf dem Gelände des Sozialtherapeutischen Zentrums Sachsenwaldau nachmittags Kaffee und Kuchen sowie wochentags auch einen günstigen Mittagstisch.

Im *Garten der Schmetterlinge,* ältester Schmetterlingsgarten Deutschlands, gehen wir im 450 qm großen Tropenhaus auf spannende Reise in die exotische Welt der Falter und Pflanzen. www.gartenderschmetterlinge.de

NATURBAD TONTEICH

Die alte Ziegelei der Friedrichsruher Tonwerke brannte 1911 ab und die Tongrube füllte sich über die Jahre mit Wasser, so dass sich dieser wunderbare Teich bildete. Dem sauberen und sauren Wasser wird sogar eine heilende Wirkung nachgesagt. Somit ist das Tonteichbad eines der schönsten Naturbäder Schleswig-Holsteins und für viele immer noch ein Geheimtipp!

Das Wasser des **Freibads** am kleinen von Wald umgebenen Tonteich wird aufgrund seiner geschützten Lage im Sommer bis zu 29 °C warm. Dem **Tonmineral** ist es zu verdanken, dass sein Wasser sehr sauer ist und sich eine entsprechend eigene Vegetation bildete. Die meisten Pflanzen und Fische kamen mit solch einem PH-Wert nicht klar und selbst Mücken suchte man lange vergeblich. Sicherlich mit ein Grund weshalb der Badeteich so beliebt ist. Noch ein Vorteil: Während in den heißen Sommern viele andere Seen mit Blaualgen zu kämpfen haben, sucht man diese hier vergeblich, da Blaualgen alkalisches Wasser benötigen.

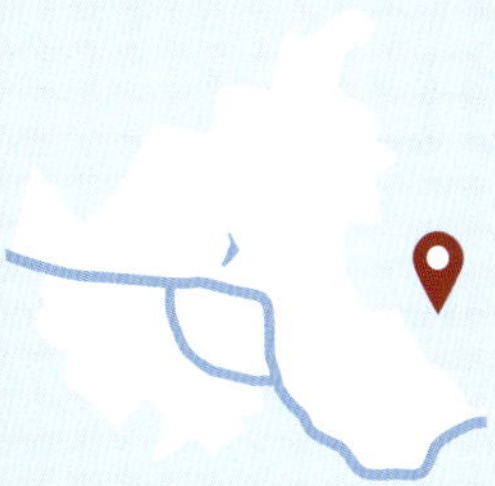

START & ANREISE

Sachsenwald-Bad Tonteich, Am Tonteich 35, 21521 Wohltorf, www.tonteichbad.de

PKW-Parkplätze sind kostenfrei, aber begrenzt.

ÖPNV: S-Bahn 21 bis *Wohltorf.* Dann Fußweg von ca. 10 Minuten.

WAS NEHME ICH MIT?

Alles was man zum Baden braucht. Hunde, Boote, Alkohol, Shishas, grillen und zelten sind verboten.

GUTES ESSEN

Ein kleiner Imbiss offeriert gekühlte Getränke, Eis und kleine Gerichte.

BESTE ZEIT

Ende April bis Mitte September. Täglich von 8 bis 20 Uhr.

DAUER

Tageskarte. Von 18 bis 20 Uhr HAPPY HOUR.

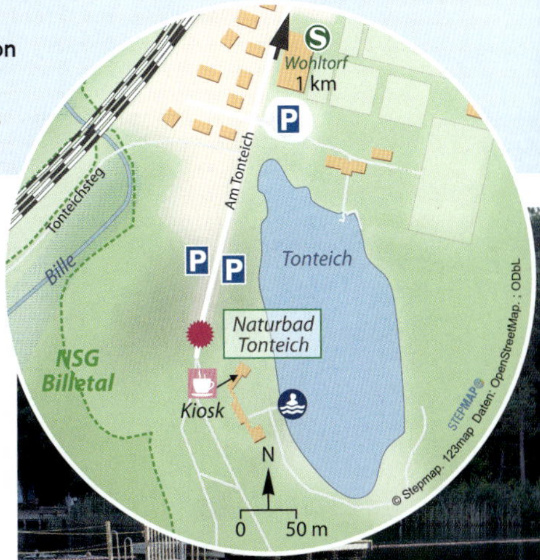

VABALI SPA HAMBURG

Kurzurlaub auf Bali? Warum nicht! Vergessen Sie den Alltag und lassen Sie sich in einer perfekten Wohlfühloase mit 13 Saunen, Massagen und Wellness-Anwendungen verwöhnen.

Ein kleines **balinesisches Dorf** am Rande von Hamburg entführt seine Gäste in eine fernöstliche Welt. Über 36.000 m² groß ist die **Wellness-Oase** mit **Gastronomie** und **Hotelanschluss** und steht für einen ganzheitlichen Wellnessansatz. Die edle Einrichtung aus hochwertigen organischen Materialien lässt die Besucher abtauchen in einen wundervollen Tag voller Entspannung. Außergewöhnliche Saunen stehen zur Verfügung: **Panoramasauna, Seesauna, Biosauna, Gartensauna, Meditationssauna,** mehrere große Aufguss-Saunen, drei **Dampfbäder** und ein **Laconium**.
Die Fülle der Aufgusszeremonien reicht von klassischen Aufgüssen bis hin zu belebenden Meditations- und Kräuteranwendungen.

Im Innenbereich erstrahlt das 50 m² große Becken in sattem Türkis – Holz, Säulen, Buddhafiguren und die Frangipaniblüte bestimmen das Bild. Nach dem Saunagang entspannt man in einem der zahlreichen **Ruheräume**, die zum Teil mit Wasserbetten ausgestattet sind, sowie in einem der beiden **Kaminzimmer** oder den verschiedenen **Sonnenterrassen**. Den Mittelpunkt des Außenbereichs bildet der 1.000 m² große **Naturschwimmteich**. Zusätzlich gibt es einen großen Pool und fünf **Entspannungsbecken**. Ein magischer Ort, umgeben von grünen Wiesen und altem Baumbestand, in unmittelbarer Nachbarschaft zur Golfanlage *Golf Gut Glinde*.

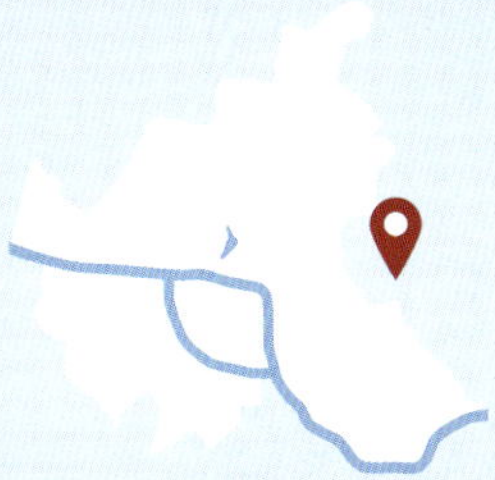

BESTE ZEIT
Das ganze Jahr über.

START & ANREISE
vabali spa Hamburg, In der Trift 1, 21509 Glinde, www.vabali.de

ÖPNV: Bus 133, 333, 237 bis *Glinde, Markt.* Dann 500 m zu Fuß.

DAUER
Täglich von 9-24 Uhr, 2-/4-Stunden- oder Tageskarte.

WAS NEHME ICH MIT?
Das vabali spa ist eine textilfreie Anlage. In der Sauna und nach dem Nutzen der Saunen und Pools wird ein Handtuch/Hamamtuch und ein Bademantel benötigt. Im Restaurant sowie im Loungebereich besteht Bademantelpflicht. Badeschuhe nicht vergessen.

GUTE EINKEHR
Die Küche des *vabali spa Restaurants* wird getragen von gesunden, asiatischen und mediterranen Köstlichkeiten.

EXTRA-TIPP
Mit einer *Übernachtung* im *vabali Hotel* in der balinesischen Wellnessoase lässt sich die Bali-Reise traumhaft um einen weiteren Tag verlängern!

BOBERGER SEE & BILLENIEDERUNG

In einem der artenreichsten Naturschutzgebiete Hamburgs lässt sich ein heißer Sommertag am Ufer des Boberger Sees verbummeln. Wem noch nicht heiß genug ist, der tankt „Wüstenfeeling" gleich nebenan in den Boberger Dünen.

Nur 500 Meter lang und 400 Meter breit ist der beliebte **Badesee** in der **Boberger Niederung**, zwischen **Bille** und dem Segelflugplatz. Im Zuge der Sandgewinnung für den Bau der Bundesstraße 5 und der Autobahn Hamburg – Lübeck entstanden, ist das rund 350 Hektar große ihn umgebende Gebiet, zusammen mit den Boberger Dünen, unter Schutz gestellt.

Gespeist wird der See durch Grundwasser, was eine **hervorragende Wasserqualität** verspricht. Sein Ufer ist größtenteils wild bewachsen, dazwischen finden sich überall kleine **Mini-Buchten,** in denen ein Einstieg ins Wasser möglich ist. An der Hauptbadestelle am **Nordostufer** lockt ein kleiner **Sandstrand** (Toiletten vor Ort), dahinter eine Wiese und am Südufer finden FKK-Anhänger ein ruhiges Plätzchen.

Achtet auf Kinder: Es gibt **keinen gekennzeichneten Nichtschwimmerbereich** und keine Badeaufsicht. Zudem fällt das Wasser an Abbruchkanten im Uferbereich unvermittelt tief ab.

Mit dem Rad geht's später durch den Wald und wir sind in einer ganz anderen Welt. Denn die **Boberger Dünen,** mit ihrer reizvollen Heide, gehören zu den letzten Binnendünen Deutschlands. Hier blühen seltene Orchideen am Geesthang und Vogelarten wie der Wachtelkönig oder die Heidelerche fühlen sich heimisch. Entweder erkunden wir das **Naturschutzgebiet** auf verschiedenen **Wanderwegen** oder radeln entlang der **Bille** zurück zur S-Bahn.

BESTE ZEIT

Vom Frühjahr bis zum Herbst.

DAUER

Einen Tag sollte man schon einplanen.

START & ANREISE

Parkplatz Friedhof Billwerder/Parkplatz Boberger See an der Straße Billwerder Billdeich.

ÖPNV: S-Bahnstation *Mittlerer Landweg* (S21). Dann mit dem Rad rund 3 km zum See od. weiter zu Fuß od. mit Bus 330 bis *Billwerder Billdeich 174.*

HVV kostenlose Fahrradmitnahme, jedoch nur erlaubt: Mo-Fr 9-16 + 18-6, Sa,So+Fei ganztägig.

WOMIT BIN ICH UNTERWEGS?

Wer sein Rad mit in die S-Bahn nimmt legt die Strecke zum See umso entspannter zurück und kann zum Abschluss des Tages noch eine kleine Extra-Runde entlang der Bille drehen.

WAS BRAUCHE ICH?

Badesachen, Sonnen-, Mückenschutz, ausreichend zu trinken, evtl. Proviant.

GUTES ESSEN

Hof Neun Linden – Leckeren Kuchen gibt's im *Hofcafé* und Lebensmittel aus der Region im *Hofladen.* Etwa 3,2 km vom See. www.hof-neun-linden.de

EXTRA-TIPP

Im *Infozentrum Boberger Dünenhaus* können wir zu jeder Jahreszeit Spannendes entdecken. www.loki-schmidt-stiftung.de/boberg

5
Boden-denk!-mal
Böden erzählen Geschichten
Seit der Steinzeit hinter-
lassen Menschen Abfall
auf der Düne
Mehr
Bodenlehrpfad Boberg
www.hamburg.de/bodenlehrpfad
Hamburg

Boberger Dünenh
er Dünenhaus
Hamburg

ALLERMÖHER SEE & SEE HINTERM HORN

Südöstlich des Neubaugebietes Neuallermöhe entstanden durch Abkiesung für das Neubaugebiet Neuallermöhe Ost diese beiden Seen, deren glasklares Wasser zum Baden oder SUPen einlädt.

Die Badestelle des **Allermöher Sees,** mit der großen **Liegewiese** und dem breiten **Sandstrand** (dort ist auch die Toilette zu finden), befindet sich am nordöstlichen Ufer. Sogar ein **Nichtschwimmerbereich** wurde abgetrennt. Damit eignet sich der See auch für Familien mit kleinen Kindern. Wegen mehrerer Badeunfälle in der Vergangenheit gibt es an den Wochenenden von Juni bis August und in den Sommerferien täglich eine Badeaufsicht. Typisch für Baggerseen fällt, rund um den See an den Abbruchkanten, der Gewässergrund unvermittelt ab. Am Südwestufer des Sees gibt es einige kleine, ruhigere Badebuchten.

Der mit **klarem Grundwasser** gespeiste **See Hinterm Horn** liegt rund 1.700 Meter weiter südöstlich, jenseits der Autobahn 25. Mit seinem herrlichen **Sandstrand** und der 20 Meter breiten **Liegewiese** besticht er durch die besonders schöne Lage. Zwar wird der Badebereich im See durch mehrere Bojen markiert, jedoch verfügt er über keinen abgetrennten Nichtschwimmerbereich und auch über keine Badeaufsicht, sodass er sich weniger für Nichtschwimmer eignet. Trotzdem können sich Familien aufgrund der großen Fläche am See vielfältig sportlich betätigen, müssen die Kleinen aber immer im Blick behalten. Eine Toilette ist vorhanden, aber einen Kiosk gibt es weit und breit nicht.

BESTE ZEIT
Im Sommer kann es zur Ferienzeit und an den Wochenenden voll werden.

START & ANREISE
Allermöher See:
Felix-Jud-Ring 540,
21035 Hamburg.
Parken entlang der Straße.

ÖPNV: S-Bahnhaltestelle *Allermöhe* (S21/S2), von dort Bus 12 bis *Wilhelm-Osterhold-Stieg*.

See Hinterm Horn:
Allermöher Deich 274,
21037 Hamburg. Parkplätze wenige am Fahrbahnrand.

ÖPNV: S-Bahnhaltestelle *Mittlerer Landweg* (S21/S2), von dort mit Bus 321 bis *See Hinterm Horn*.

WOMIT BIN ICH UNTERWEGS?
Mit dem Rad oder zu Fuß.

WAS NEHME ICH MIT?
Badesachen, Sonnenschutz, ausreichend zu trinken und evtl. Proviant.

GUTES ESSEN
Beliebte Trattoria & Pizzeria *La Piccola Italia* am Allermöher See.
www.lapiccolaitalia-hh.de

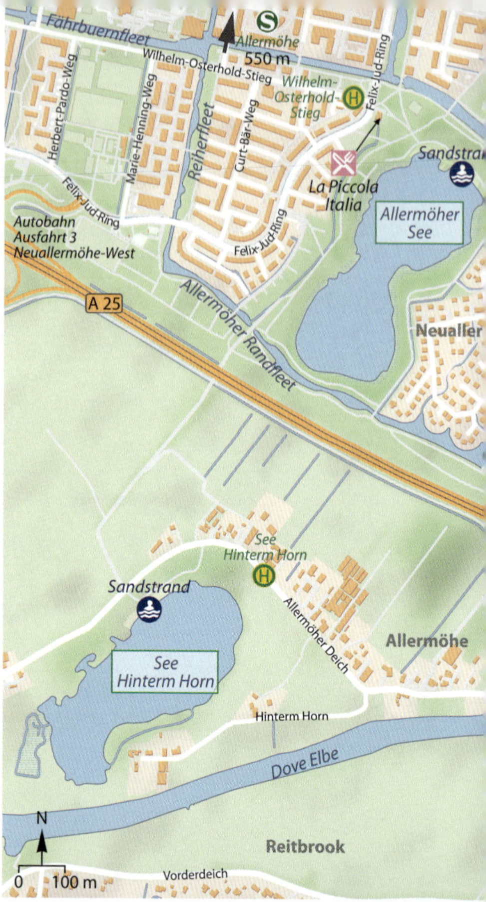

DOVE- & GOSE-ELBE

Die Vier- und Marschlande sind Hamburgs „Gemüsekammer" und versorgen die Stadt bereits seit Jahrhunderten mit Blumen, frischem Obst und Gemüse. Hier staunen wir über eine vielseitige Flora und Fauna sowie reetgedeckte Häuser und Mühlen entlang der Ufer.

Flussaufwärts paddeln wir durch die schmale, von Teichrosen bewachsene **Gose-Elbe** – reetgedeckte Häuser wechseln sich mit offenen Wiesen ab, wo an Stegen die Angler ihr Glück versuchen. Nun folgt ein besonders reizvoller Abschnitt unserer Paddeltour, der **Neuengammer Durchstich,** ein 2,6 km langer Kanal, der allerdings aus Naturschutzgründen vom **15.4.-15.06. gesperrt** ist. Wenn wir uns leise verhalten, können wir mit etwas Glück Biber beobachten. Enten, Gänse, Silber- und Graureiher, Haubentaucher oder Blesshühner finden im dichten Schilf Schutz.

Nach Durchfahren der **Dove-Elbe-Schleuse**, die immer offen ist, passieren wir auf der breiteren **Dove-Elbe** die 1870 erbaute **Reitbrooker Mühle** (www.reitbrooker-muehle.de) – das Wahrzeichen der Marschlande. Sehr ländlich geht es hier zu. Milchkühe und Pferde grasen auf den saftigen Weiden und einige Gewächshäuser und Höfe sind vom Wasser aus zu sehen.

Am Zusammenfluss beider Elbarme wähnen wir uns auf einem See. Zur **Regattastrecke** für Ruderer und Kanuten, als **Wasserpark Dove-Elbe** bekannt, kommen am Wochenende die Hamburger, um Wassersport zu betreiben. Der dahinter liegende **Eichbaumsee** ist wegen giftiger Blaualgen zum Baden häufig gesperrt. Man kann ihn aber gut zu Fuß umrunden (3 km) und am Ostufer in der netten Strandbude *Robin am See* (www.facebook.com/robin.am.see) einkehren.

BESTE ZEIT

Mai bis Ende September. An Wochenenden haben die gastronomischen Betriebe eher geöffnet.

Der *Neuengammer Durchstich* ist aus Naturschutzgründen vom 15.4. bis 15.06. gesperrt.

START & ANREISE

Paddel Meier, Heinrich-Osterath-Straße 256, 21037 Hamburg-Kirchwerder oder

Reitdeich (Schleuse), 21037 Hamburg.

ÖPNV zu Paddel Meier: Von HH Hbf/ZOB Bus 122 oder von Bf Bergedorf Bus 122, 222 bis *Heinrich-Osterath-Straße 241* oder *Wulffsbrücke*.

WOMIT BIN ICH UNTERWEGS?

SUP-Board oder Kanu. Hier mieten: www.paddel-meier.de

DAUER

Je nach Laune 1 h oder einen ganzen Tag. Schön ist eine Tagesrundtour über den Neuengammer Durchstich mit einer kurzen Umtragung an der Reitschleuse.

WAS NEHME ICH MIT?

Ausreichend zu trinken, Wechselkleidung (wasserdicht verpackt), Sonnen-, Regen-, Mückenschutz, Kopfbedeckung.

GUTES ESSEN

Das *Landhaus Voigt* serviert gutbürgerliche, saisonale Küche und hat sogar einen Bootsanleger. https://landhaus-voigt.de

EXTRA-TIPP

Das *Naturschutzgebiet Die Reit*, als Flora-Fauna-Habitat ausgewiesen, liegt am Zusammenfluss von Dove- und Gose-Elbe. Es zeichnet sich durch eine Vielfalt an Lebensräumen aus, wo streng geschützte Tier- & Pflanzenarten geeignete Standorte finden.

KZ-Gedenkstätte Neuengamme – eine der größten Gedenkstätten Deutschlands – erinnert an mehr als 100.000 Menschen, die während des Zweiten Weltkrieges hier inhaftiert waren. www.kz-gedenkstaette-neuengamme.de

NMELDUNG
KANUS
KAJAKS
AHRRÄDER
SUP
EIS
WC
paddel-meier

Neuer
holl. Matjes

HOHENDEICHER SEE / OORTKATENSEE

Der Sommer steht vor der Tür – Urlaub, Sonne, Strand! Für alle, die nicht extra an die Ostsee fahren wollen, gibt es diesen herrlichen See. Hier kann man baden, gemütlich in der Sonne liegen, grillen und windsurfen.

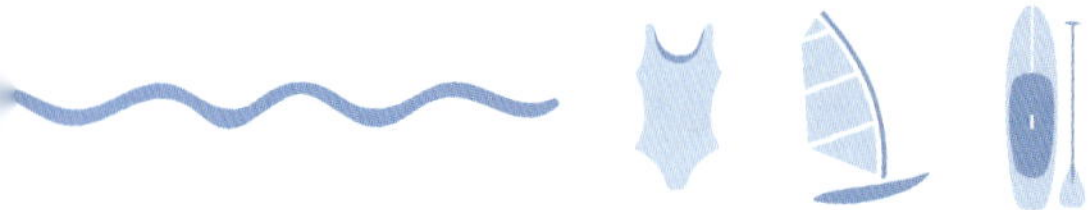

Direkt hinter dem Elbdeich in den Vier- und Marschlande, einen Steinwurf von der Elbe entfernt, entstand schon 1966 – durch Kiesabbau für den Deichbau – dieser beliebte **Badesee**. Noch ist seine Wasserqualität hervorragend, aber damit dies so bleibt, soll man nur an den dafür vorgesehenen Stellen ins Wasser gehen. Andere Bereiche sind mit Röhricht und Reisig verschlossen, damit sich wieder Sumpfpflanzen ansiedeln können, die das Kohlendioxid aus dem Wasser filtern und so das Wachstum von Fadenalgen verhindern.

Zwei **Badestellen** befinden sich am **westlichen Ufer** – ein kleiner Sandstrand und eine Liegewiese – sowie am **südlichen Ufer** ein großer **Sandstrand** mit Liegewiese. Abgetrennte Nichtschwimmer-Bereiche sucht man vergeblich. Es gibt neben Toilettenhäuschen im Süd- und Westteil drei **Imbisse**, die allesamt zu empfehlen sind.

Das herrlich grün bewachsene Westufer bietet unfassbar viel Platz, um sich niederzulassen und an der sandigen Badestelle im Nordwestteil des Sees bringt einem eine **Windsurfing-Schule** die nötigen Kniffe für diesen Sport bei. Hier wird gesurft, was das Zeug hält.

BESTE ZEIT
In den Sommermonaten.

START & ANREISE
Parkplatz Hohendeicher See, Overwerder Weg, 21037 Hamburg.

ÖPNV: Bus-Linie 120 zu den drei Haltestellen *Oortkatenufer*, *Overhaken* und *Overwerder*.

WOMIT BIN ICH UNTERWEGS?
Windsurfen oder SUP. Hier mieten & Kurse: www.surfen-hamburg.de

WAS NEHME ICH MIT?
Sonnen-, Regenschutz, Badesachen.

GUTE EINKEHR
Salute on the Beach – die Strandbar mit Flair, der Imbiss mit Herz. www.salute-hamburg.de

SEE IM MASCHENER MOOR

Einer unserer Lieblingsseen ist dieser etwas abgelegene und ruhige See im Harburger Gemeindeteil Maschen. Allerdings: In heißen Sommern können sich schnell Blaualgen bilden. Dann weichen wir auf den nahen Pulvermühlenteich aus.

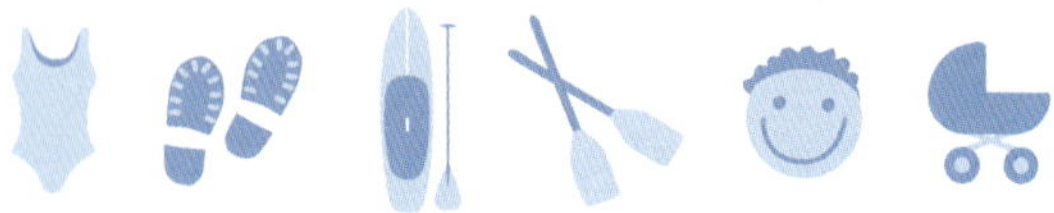

Mit 200.000 m² Fläche und bis zu acht Metern Tiefe beschert der **Maschener Moorsee** ein schönes und chilliges Badeerlebnis, denn eine große, „sanddünen-ähnliche" Liegewiese, mit **hellem, feinem Sand,** bietet viel Platz. Wird es an heißen Sommerwochenenden doch mal voll, zieht man sich in die stilleren östlichen Uferbereiche zurück, wo es fast immer eine schnuckelige Mini-Bucht gibt oder auf größeren Sandflächen, zwischen Kiefern und Buchen, Platz fürs Handtuch.

Einen gut gefüllten **Picknickkorb** haben wir aber immer dabei, denn weit und breit gibt es keine Einkehrmöglichkeit.

Wer einfach nur spazieren gehen möchte, freut sich über den rund zwei Kilometer langen **Spazierweg** entlang des bewaldeten Ufers, wo immer wieder auch Bänke zum Verweilen einladen.

BESTE ZEIT

In den Sommermonaten.

START & ANREISE

Parkplatz Hörstener Straße, 21220 Seevetal. Oder von der Maschener Schützenstraße beim Schützenhaus abbiegen und knappe 400 Meter auf einer schmalen, unbefestigten Straße zum Parkplatz (links) in Strandnähe.

ÖPNV: Mit RB31 von *HH Hbf* nach *Meckelfeld.* Dort Bus Linie 248 bis Haltestelle *Maschen, Gutenbergstraße* und noch 15 Minuten Fußweg Richtung Rangierbahnhof.

WAS NEHME ICH MIT?

Badesachen, Sonnen- und Mückenschutz, ausreichend zu trinken und Proviant. Gastronomie gibt es weit und breit nicht.

EXTRA-TIPP

Interessant zu wissen: Direkt an den See grenzt der *größte Rangierbahnhof Europas.* Er sorgt mit seinen 145 Gleisen für die Zugbildung sowohl regionaler, nationaler als auch internationaler Güterzüge und dient als Drehscheibe für den Hinterlandverkehr der Seehäfen Hamburg und Bremerhaven sowie dem Verkehr von und nach Skandinavien. Bis zu 4.000 Wagen werden täglich auf der 7.000 Meter langen und 700 Metern breiten Zugbildungsanlage von rund 700 Mitarbeitern abgefertigt.

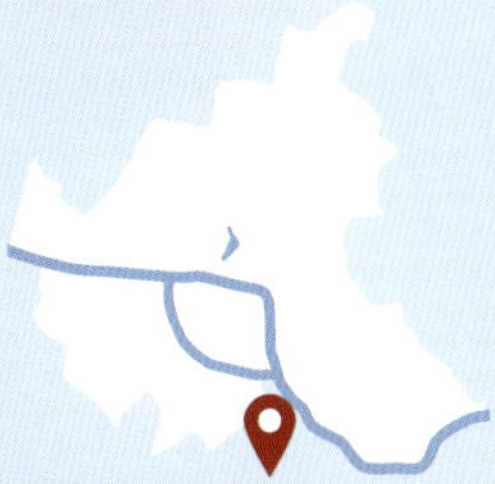

SEE IM GROSSEN MOOR & PULVERMÜHLENTEICH

Zwei Perlen gleich nebeneinander, die auch zur Badesaison selten überlaufen sind und sowohl schattige Plätzchen als auch sonnigen Sandstrand bereithalten.

Mit 250.000 m² ist der **See im Großen Moor,** auch unter dem Namen **Hörster See** bekannt, das größte Badegewässer im **Landkreis Harburg.** Seine Wasserqualität wurde bisher immer mit „sehr gut" bewertet. Einmal **rundherum** ist man fast **zweieinhalb Kilometer** unterwegs und entdeckt dabei immer wieder kleine, schattige Buchten, die zum Baden im klaren Wasser einladen. SUPer ziehen ihre Runde und ganz „Faule" dümpeln auf ihrer Luftmatratze im See. Der schöne **Badestrand** ist allerdings schon früh stark bevölkert – zeitiges Kommen daher angesagt.
Im Gegensatz zum See im Großen Moor bietet der **Pulvermühlenteich** seinen Badegästen einen kleinen, sympathischen **Kiosk**. Die Currywurst auf dem Teller vor sich, sitzt man unterm Sonnenschirm und blinzelt auf den See hinaus. Unterhalb einer großen **Liegewiese** zieht sich der abschüssige **Sandstrand** zum See hinunter, der aus einer unterirdischen Quelle gespeist wird und daher ebenfalls sehr sauberes Wasser aufweist.

Beide Seen sind zwar nur wenige hundert Meter Luftlinie voneinander entfernt, allerdings, wegen der dazwischenliegende Bahntrasse des größten Rangierbahnhofs Europas, fußläufig nur schwer erreichbar.

BESTE ZEIT

In den Sommermonaten.

START & ANREISE

See im Großen Moor: Parkplatz: Zum Großen Moor, 21217 Seevetal.

Pulvermühlenteich: Himmelsbruch 14, 21217 Seevetal.

ÖPNV: RB31 bis *Meckelfeld,* von dort zu Fuß 1,6 km bis zum Strand am See im Großen Moor und 1 km zum Pulvermühlenteich.

WAS NEHME ICH MIT?

Sonnenschutz und Badesachen, ausreichend zu trinken und evtl. Proviant. Am Pulvermühlenteich gibt es in den Sommermonaten einen Kiosk.

See im Großen Moor & Pulvermühlenteich (Meckelfeld, Hörsten / Seevetal)

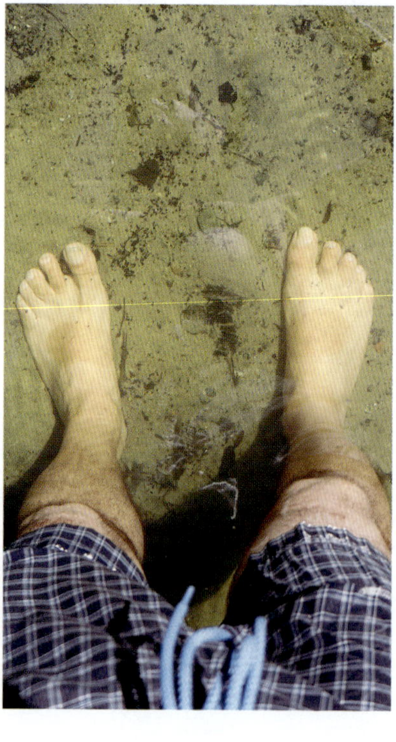

MIDSOMMERLAND & AUSSENMÜHLENTEICH

Schon seit Jahren ist dies unser Ritual: Früh am Morgen ein ausgiebiger Rundgang oder auch zwei um den Außenmühlenteich, um dann die Ersten in der großzügigen Saunaanlage zu sein. Am schönsten ist dies bei Schmuddelwetter oder einem schneereichen Wintertag.

Ein Stück Schweden in Hamburg! Wenn man sich nach einem Saunagang in der 100 °C heißen **Seesauna** auf der Holzterrasse in den Liegestuhl fläzt und den Blick über die Wasserfläche des Außenmühlenteichs hinüber zum Wald schweifen lässt, spürt man, dass ein Besuch im **MidSommerland** auch immer wie ein kleiner Ausflug in den hohen Norden ist. Wir pendeln zwischen der **finnischen Sauna** mit ihren wechselnden Aufgüssen, der **klassischen Sauna,** der **Schwitz-Stuga** und der **Kamin-Stuga,** wo man, auf kreisrunden Bänken sitzend, in die offenen Flammen des Feuers blickt. Hinterher schlendern wir über das 5.500 m² große Außengelände mit seinen alten Baumbeständen.

Unterdessen haben Kinder im Erlebnisbecken mit **Wildwasserkanal** und **Felsenrutsche** Spaß und die ganz Kleinen werden im **„Wikiland"** zu wilden Nordmännern und -frauen und fahren im warmen Wasser mit dem Wikingerschiff auf Eroberungstour.

Ende des 16. Jahrhunderts befand sich anstelle des **Harburger Stadtparks** noch ein Mühlenteich, bevor in den 1920er-Jahren der 3,5 Hektar große Park entstand. Schon der drei Kilometer lange **Rundweg** um den **Außenmühlenteich** ist ein Genuss.

Wer sich aber von den Uferwegen auf das 16 Kilometer lange Wegenetz in den hügeligen Waldbereichen begibt, genießt herrliche Aussichten auf die glitzernde Seeoberfläche.

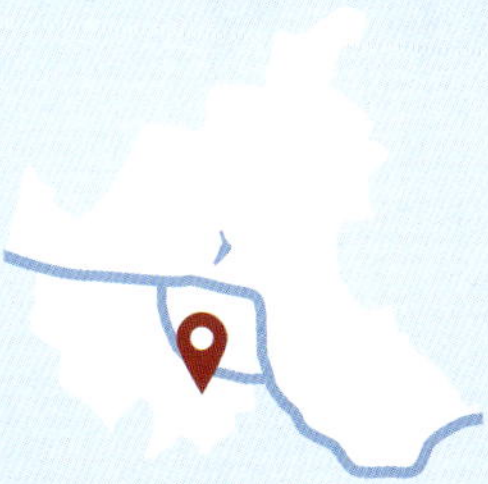

BESTE ZEIT
Zu jeder Jahreszeit. Vorzugsweise an einem ruhigen Wochentag.

START & ANREISE
Gotthelfweg 2,
21077 Hamburg.

ÖPNV: Mit S3/S31 od. RB bis *Bf. Harburg*. Dort mit Bus 146 bis *Freizeitbad MidSommerland.*

WOMIT BIN ICH UNTERWEGS?
Zu Fuß.

DAUER
Je nach Gusto einen halben oder ganzen Tag. (www.baederland.de/sauna/standorte/midsommerland)

WAS NEHME ICH MIT?
Badesachen, Bademantel, Badeschuhe. Für den Spaziergang bequeme Schuhe, Regenschutz.

KANAL 77 – SCHLAFEN IM HAFEN

Ein mehr als einhundert Jahre alter Schüttgutfrachter, der früher Kohle, Salz oder Sand über Europas Flüsse und Kanäle transportierte, ist heute ein ungewöhnliches Hotel geworden, liebevoll bis ins kleinste Detail!

Marcel Klovert aus Rotterdam lebt schon seit vielen Jahren in Hamburg. Während eines Aufenthalts in Asien kam ihm die Idee, ein **Schiff** zu kaufen und zu einem **Hotel** umzubauen. Eine großartige Idee, wie wir feststellen können. Schon 2018 kam es zur Eröffnung seines **Hotelschiffs** im **Harburger Binnenhafen** und seitdem ist die Stadt um eine originelle Übernachtungsmöglichkeit reicher – weitab vom üblichen Hotelbetrieb.

Die vier **Doppelzimmer** und eine **Suite** haben ein eigenes Bad mit Dusche und eine gute Heizung. In der kühlen Jahreszeit kommt in der urigen Kajüte mit den Holzdielen, beim Blick aus dem Bullauge auf den **Museumshafen Harburg,** Gemütlichkeit auf. Im Sommer springt man direkt vom Schiff ins Hafenwasser, das geprüfte Badequalität hat, oder erkundet mit dem SUP-Board die umliegenden Hafenbecken.

Es macht Spaß, mit Marcel am Abend im gemütlichen Fauteuil der **Gemeinschaftslounge** sitzend zu plaudern. Wie das Schiff zu seinem ungewöhnlichen Namen kam? Hafenmeister, Schiffer und Schleusenwärter kommunizierten früher auf ihrem Funkkanal unter Einhaltung der Funkdisziplin immer nur in knappen Worten. Damit die Schiffer auch mal ausführlicher schnacken konnten, wurde der Kanal mit der „77" eingerichtet.

KANAL
77
SCHLAFEN
IM HAFEN

BESTE ZEIT
Frühjahr und Sommer.

DAUER
Die Zimmer sind schon ab einer Nacht buchbar.

START & ANREISE
Lotsekai 8
(Navi: Zitadellenstraße),
21079 Hamburg-Harburg.
www.schlafenimhafen.de

ÖPNV: S3/S31 bis *Bf. Harburg* oder *Harburg Rathaus.* Weiter mit Bus 142, 154 bis *Kanalplatz.* Dann 200 m zu Fuß über die Zitadellenbrücke.

GUTES ESSEN
Bodenständige und frisch zubereitete Hausmannskost gibt's unter der Woche von 11-16 Uhr im kultigen und gut besuchten *Schnellrestaurant "von-bis".*
www.vonbis-restaurant.de

EXTRA-TIPP
Im Sommer gibt es gleich nebenan, unter dem gelben *KulturKran* am neu gestalteten historischen Lotseplatz *Open-Air-Kino* oder Anfang Juni das *Harburger Binnenhafenfest "Leinen Los".*
www.muhahar.de/events

Entdecker-Rundgänge durch den Harburger Binnenhafen veranstaltet die *KulturWerkstatt.*
www.kulturwerkstatt-harburg.de

Interessante *Führungen* und *Radtouren* bietet die *Geschichtswerkstatt Harburg* (www.geschichtswerkstatt-harburg.de)

Ein besonders tolles, maritimes Kulturzentrum, mitten im Harburger Binnenhafen ist die *Fischhalle.* 1906 erbaut, war sie zunächst städtische Fischhalle, heute sind unter ihrem Dach ein Café-Bistro mit Livemusik und Galeriebetrieb, die Geschichtswerkstatt Harburg und der Verein Museumshafen Harburg untergebracht.
www.fischhalle-harburg.de

LYDIOS

BADEN IN FINKENRIEK – NSG HEUCKENLOCK – BUNTHÄUSER SPITZE

Drei auf einen Streich – unser Ausflug führt uns in einen der letzten Tideauenwälder Europas, zum 100 Jahre alten grünen Leuchtturm Bunthaus Spitze und zu einer Flussbadestelle, die man hier so nicht vermutet hätte.

Entlang der **Süderelbe** suchen wir den „Eingang" ins **Naturschutzgebiet Heuckenlock** im dichten Grün, der uns gleich über eine stählerne Fußgängerbrücke zu einem wilden und nur **zwei Kilometer langen und schmalen Pfad** führt. Das Gebiet ist von Prielen durchzogen und wir laufen zwischen mannshohem Schilf und dem lila blühenden Indischen Springkraut, das in dem zweimal am Tag überfluteten Feuchtgebiet über zwei Meter hoch wird, durch eine wahre Wildnis. Überhaupt gibt es hier Pflanzen zu bewundern, die sonst kaum noch irgendwo in Deutschland vorkommen. **Große Grannen-Segge, Schierlings-Wasserfenchel,** wild wachsende Blumen und Sträucher – überall summt und surrt es; immerhin bewegen wir uns im **artenreichsten Gebiet Hamburgs.** Zwischen beeindruckend großen, umgestürzten Bäumen hindurch, blicken wir auf die Elbe oder kleine Strände. Der älteste Baum, eine **400 Jahre alte Flatterulme,** weist gar einen Stammumfang von über vier Metern auf!

Den Weg darf man aber nicht verlassen, denn neben den über 400 verschiedenen Pflanzenarten haben auch viele Tiere hier ein Zuhause: **Graureiher, Kleinspecht, Nachtigall,** zahlreiche **Wasservögel** und sogar der **Seeadler** sind zu nennen. Viel zu schnell gibt uns dann der „grüne Dschungel" wieder frei.

Zurück übern Deich, folgen wir am **Parkplatz Moorwerder** dem nächsten Pfad bis zur **Bunthäuser Spitze,** wo **Norder- und Süderelbe** aufeinandertreffen. Das über 100 Jahre alte grüne und nur sieben Meter hohe **Leuchtfeuer Bunthaus** ist eine historische Besonderheit und ein beliebtes Fotomotiv.

Zum Abschluss unseres kleinen Ausflugs stecken wir bei der Rückfahrt am **Finkenrieker Elbstrand** unsere Füße ins erfrischende Wasser. Ja, die **Wilhelmsburger** lieben ihren kleinen Strand im Süden Deutschlands größter Binneninsel, auch wenn die Strömung zum Schwimmen eigentlich zu stark ist. Aber ... der Sand ist fein, Bäume bieten Schatten und der Blick auf die vorbeifahrenden Frachtschiffe sowie in regelmäßigen Abständen lautstark über die Elbbrücken ratternde Züge, schaffen diese einmalige Mischung aus Hamburger Bronx und Urlaubsoase.

BESTE ZEIT
Frühling/Sommer.
Am Finkenrieker Strand kann es am Wochenende voll werden.

Durch Ebbe und Flut verändert sich täglich das Heuckenlock, daher sollte man an die Gezeiten denken, will man keine nassen Füße bekommen.

START & ANREISE
König-Georg-Weg, 21109 Hamburg.
Parken am Straßenrand.
Oder Parkplatz Moorwerder Hauptdeich 33.

ÖPNV: S3/S31 bis *Wilhelmsburg*. Dann mit dem Bus 152 bis *Friedhof Finkenriek* oder Bus 351 bis *Heuckenlock* oder *Freiluftschule Moorwerder*.

Oder gleich von der Bahn aufs Rad.

WOMIT BIN ICH UNTERWEGS?
Mit dem Rad und/oder zu Fuß.

LÄNGE
Vom S-Bahnhof Wilhelmsburg etwa 20 Kilometer hin und zurück.

Vom Finkenrieker Elbstrand etwa 12 Kilometer hin und zurück.

WAS NEHME ICH MIT?
Sonnen-, Regen- & Mückenschutz!!, Badesachen, ausreichend zu trinken, evtl. Proviant.

GUTES ESSEN
Der Stackmeister – Junge und traditionelle Speisen der deutschen Küche in maritimen Flair.
www.derstackmeister.de

EXTRA-TIPP
Leckere Craftbiere gibt's in der *Bunthaus Brauerei*.
www.bunthaus.beer

Nur wenige Schritte vom Finkenrieker Strand entfernt, überspannt, hinter der Eisenbahn- und der Straßenbrücke, die *Alte Harburger Elbbrücke* die Süderelbe. Die hübsche Eisenfachwerkkonstruktion von 1897 mit Sandsteinportal ist die letzte ihrer Art und – früher nur Fußgängern und Kutschen – heute nur Fußgängern und Radfahrern vorbehalten.

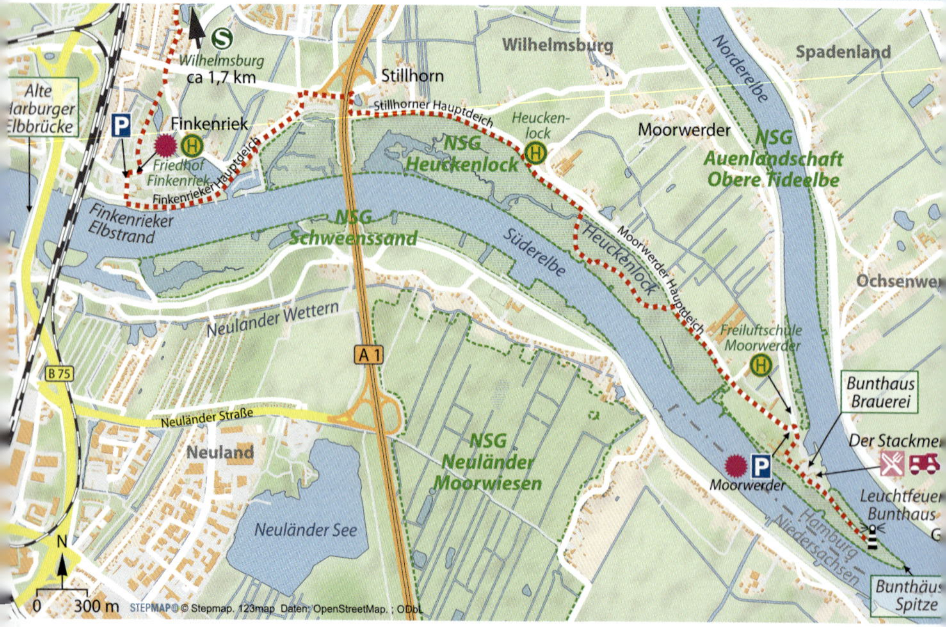

WILHELMSBURGER INSELPARK

Europas größte Flussinsel ist von einem Gewässersystem durchzogen, mit grün eingewachsenen Kanälen und kleinen Teichen. Hier kann man einen erlebnisreichen Sommertag verbringen.

Mit voller Hand haben Hamburgs Stadtentwickler bei der Planung des Inselparks aufgetischt und dabei nicht nur Pflanzen und Wege berücksichtigt, sondern auch in puncto **Freizeit** an alles gedacht. Auf dem Gelände verstecken sich neben **Rhododendrongarten** und **Rosenboulevard** ein **Geysir** und **Nebelpark, fünf Spielplätze samt Riesenrutsche und Wüstenwelle, Disc Golf,** ein **Hochseilgarten**, eine **Kletterhalle**, daneben ein **Schwimmbad** und ein **Beachvolleyballfeld**, der Freizeitrundkurs LOOP für **Skateboarder** und **Rollschuhfahrer** und **jede Menge Wasser**!

Am **Kuckucksteich** liegt, oberhalb der terrassenartigen Steganlage, die **Willi Villa.** Eine kleine Oase direkt im Grünen, umringt vom Wasser, inmitten des ehemaligen Geländes der Internationalen Gartenschau (IGA) 2013, wo wir uns ein **Kanu mieten.** Auch für den kleinen Hunger ist hier immer etwas zu finden.

Auf **schmalen Kanälen** entdecken wir den 85 Hektar großen Park, kommen auf zwei lauschige Seen, wo Jugendliche ihre Späße treiben und sich vom hölzernen Steg ins Wasser schubsen. Ein Kanu dreht gemächlich seine Runden und die Ausflügler genießen ein üppiges Picknick an Bord. Dann sind wir auf Tuchfühlung mit der **Architektur der Internationalen Bauausstellung (IBA 2006-2013)** – würfelförmige Wohnhäuser, deren Terrassen quasi über dem Wasser schweben, eingebettet in einen Park mit gepflegten Wiesen und Alleebäumen. Wir kommen wieder!

AIR
TOURING
FANATIC
ADDICTED TO RIDE
PURE

Infos zu den *Freizeitangeboten* des Inselparks: www.inselpark.hamburg >Sport und Bewegung

DAUER

Einen halben oder ganzen Tag. Mit Kanu/ SUP ca. 3 km, 1 Std.

WAS BRAUCHE ICH?

Ausreichend zu trinken, Wechselkleidung (wasserdicht verpackt), Regen-, Sonnenschutz.

EXTRA-TIPP

Der *Energiebunker* im alten Flakbunker Wilhelmsburg wurde im Rahmen der IBA Hamburg ausgebaut – ein lokales Kraftwerk, in dem erneuerbare Energien produziert werden. Das *Café Vju* (Sa+So 11-18) ganz oben in 30 Meter Höhe mit Panorama-Terrasse bietet einen der besten Aussichtspunkte im Hamburger Süden. www.vjuimenergiebunker.de

Mehr SUP-Touren gibts im Buch *SUP-GUIDE Hamburg*.

BESTE ZEIT

Frühjahr bis Herbst.

START & ANREISE

Wilhelmsburger Inselpark, 21109 Hamburg. Parkplatz Neuenfelder Str. 31, 21109 Hamburg.

ÖPNV: S-Bahn S3/S31 bis *Wilhelmsburg*.

WOMIT BIN ICH UNTERWEGS?

Zu Fuß oder mit Kanu.

Kanus mieten bei *Willi Villa* am Kuckucksteich. www.willivilla.de

Oder 3 km weiter nördlich beim kultigen Biergarten *Zum Anleger:* Kanu, SUP &Tretboot. www.zum-anleger.de

PAULANER
Hefe-Weißbier
PAULANER

DER AUTOR

Thomas Kettler ist Verleger, Fotograf und Autor, aber vor allen Dingen seit vielen Jahren begeisterter Wahlhamburger. Zahlreiche Reisen führten ihn früher durch ganz Europa und Südamerika bis er erkannte, dass das Abenteuer schon vor der eigenen Haustür beginnt.

BÜCHER AUS DEM VERLAG

Sup-Touren in Hamburg und Umgebung gibt es in den Büchern

Kanutouren in Norddeutschland finden Sie in folgenden Büchern

REGISTER

IMPRESSUM

1. Auflage 2023

Von-Hutten-Str. 15
D-22761 Hamburg
Tel. +49 (0)40 39 10 99 10

www.thomas-kettler-verlag.de
www.los-ans-wasser.de

Text & Fotos: Thomas Kettler

Layout Design: formlabor, Hamburg
Illustration Icons: formlabor, Hamburg und Carola Hillmann
Korrektorat: Karolina Schucht, Hamburg

Satz: Thomas Kettler, Carola Hillmann
Karten: StepMap, Heide Schwinn
Druck & Gesamtherstellung: Drukarnia Beltrani Sp. J., Krakau

Weitere Bildnachweise (o. = oben, u. = unten, l. = links, r. = rechts):
Seite 52-53, 127, 237 o., 265: Björn Nehrhoff; Seite 30: ©Bäderland Hamburg / Dietmar Theis; Seite 31: ©Bäderland Hamburg / kerliham-foto; Seite 55: Nickel / Floating Home; Seite 70-71: Thomas-Gramlow / Foto HamburgGuide; Seite 78-79: Philippe Boerave; Seite 82: Julia Berlin / Cap San Diego; Seite 88-89: StrandPauli / Lydia Stach; Seite 134: Sven Mirow Photography; Seite 145 o.: Michael Müller/www.mmfoto.de; Seite 145 u.: Jonas Koetz; Seite 149 u.: Holsteintourismus / Fotograf Kratz; Seite 159: 28°GRAD Strandbad Wedel; Seite 199: Sönke Ellerbrock / Zum Alten Schifferhaus; Seite 207: Olav Kaminski / Grüneflügel Luftaufnahmen; Seite 218-219: www.meerfreiheit.com; Seite 220-223: vabali spa Hamburg; Seite 253-255: ©Bäderland Hamburg; Seite 259 l. o. & r. u.: Kanal 77 / Marcel Klovert.

Bildnachweise Wikimedia Commons (o. = oben, u. = unten, l. = links, r. = rechts):
Seite 39: Rita1986; Seite 61: Matthias Süßen; Seite 74-75: Claudio Testa claudiotesta; Seite 77: Pauli-Pirat; Seite 93 u.: Johannes Liebmann Libbi; Seite 94 o.: Delightful Photography Hamburg; Seite 94 u.: Encavis; Seite 95 u.: FrischeParadies; Seite 118: MarcelX42; Seite 217 r. u.: Quartl.

Bibliografische Information der Deutschen Nationalbibliothek
Die Deutsche Nationalbibliothek verzeichnet diese Publikation in der Deutschen Nationalbibliografie; detaillierte bibliografische Daten sind im Internet über http://dnb.d-nb.de abrufbar.

ISBN 978-3-89513-113-6